NEW CLASSIC SERIES

キリスト教会2000年

世紀別に見る教会のイメージ

丸山忠孝 著

いのちのことば社

旧版　はじめに

「我らは一つの、聖なる、公同の、使徒的な教会を信ず」（ニカイア・コンスタンティノポリス信条）

この信仰を具体的に文章にすることができれば……。教会史家ならだれもが抱く感慨でしょう。しかし、生きた教会の姿を文章でとらえること自体至難のわざであれば、まして、二千年の歴史を刻んだ教会に対する信仰を表現するなど……とおじ気づいてしまいます。そのうえ、機械的に百年ごとに区切って「世紀別に見る」とは無謀ですらあります。

こんな期待と恐れを胸にして「百万人の福音」誌の連載を引き受けてしまいました。一九八二年四月号から二十回の連載でした。「世紀の教会のほんの印象・イメージでも伝えられれば」という大甘な期待もありました。案の定、締切日に追われ、編集者からは「もっとやさしく」と迫られるなかで、毎回、冷たい現実が期待に取って代わりました。

しかし不思議なことに、世紀を重ねるにつれて、私の心にある変化が生じてきました。それは、従来、本で読み、教室で講義した教会史では経験したことのない親近感でした。思い過ごしだったのでしょうが、少しずつ世紀の教会のイメージが見えてくるように思えました。いずれにしろ、一世紀ごとに「我らは一つの……教会を信ず」という告白が、より現実的なものになっていきました。この間、多くの方々から温かい励ましをいただきました。（中略）

このたびの出版にあたり、訂正と加筆は最少限にとどめました。それは、一世紀ごとに連載した折りの筆の勢いと流れをとどめたいと願ったからです。また、「宗教改革を二回に分け、近世教会史を拡大して……」という考えもありましたが、これも同じ理由でしませんでした。

このように一気に読み切れる体裁になってみれば、覚悟はしていましたが、限られた紙面で世紀を追うこの試みに限界がある点は否めません。むしろ、それを承知の上で出版に踏み切られたいのちのことば社の勇断、協力を惜しまれなかった出版部の方々に感謝の意を表します。

「いつまでも残るのは信仰と希望と愛」（Ⅰコリント一三・一三）であるとすれば、「教会への信仰告白」は「教会に対する希望と愛」にまで進展するものなのでしょうか。「教会の外に救いはない」（キプリアヌス）という確信は、宗教改革時代の「教会は改革され続けなければならない」という希望につながるはずです。さらに、「その中で一番すぐれているのは愛」であるならば、「キリストが教会を愛し、教会のためにご自分を献げられたように」（エペソ五・二五）と、この信仰告白が愛の実践にまで高められる世界が開けてくるものなのでしょう。

本書に「あとがき」はありません。それは、終末に向けて開かれている教会の歴史に対する遠慮であり、また、読者がそれを心に書かれるべきであるとの配慮からです。

主暦一九八五年一月

丸山忠孝

復刊にあたってのまえがき

　春イースターの頃、いのちのことば社から社歴七十年を記念して既刊書の復刊計画「ニュークラシック・シリーズ」があり、拙著『キリスト教会２０００年』が候補の一冊とされたということで、協力依頼がありました。

　もとより、候補選定の基準の一つに「教会に貢献した書」があったため、拙著が候補とされたことは光栄と覚えました。ただし、拙著復刊の話は、ちょうど四十年ほど前の友人から突然声を掛けられたような体験で、戸惑いを覚えたことも事実です。

　まず、復刻版を出した経験のない私にとっては未踏の領域です。その上、拙著が教会史の専門書ではなく一般読者を対象とした入門書であったとしても、過去四十年の教会史学の分野ではキリスト教会の理解に多様な変化が見られ、残念ながら私が最近の研究史の動向に通じていないこともありました。

　さらに、一九八五年発刊の拙著は紀元二十世紀を未完の世紀として扱ったため、復刊では世紀末における教会のイメージを補完するというかなり面倒な作業と取り組む必要もありました。こうして、復刊が二十一世紀の教会に役立ちうるか、私がそのための改訂・補完作業に耐えうるか、を問いながらではありますが、復刊に協力することになりました。ただし、私の作業は壮年期の「友人」と老齢期の「私」との出会いという不思議な体験をもたらす結果ともなりました。

復刊に向けた基本的作業はいのちのことば社出版部が準備した原稿においてなされており、作業には原著からの新たな本文打ち込み、カットの挿絵やイラストの調達、引用聖書すべての差し替え、ミスや差別用語の排除、などがあります。この原稿に基づく私の作業でも歴史上の出来事や年代の検証、明らかな誤認やミスの排除、人名や地名の表記をめぐる校正、説明文の補充など技術面での対応はありましたが、改訂作業において最も重視した点は、原著の主題であるそれぞれの世紀における教会の自己理解とイメージです。この点に関して、「友人」のいくつかの判断が大胆すぎ、あるいは不確かではと危惧され、小幅な修正を試みたこともありました。「友人」に肩入れすることになったかもしれませんが、概して改訂作業は原著の判断と文章の勢いや流れを評価、踏襲するものとなりました。

なお、復刊では原著の主眼に合わせて、副題を「世紀別に見る教会のイメージ」と書き換えてあります。また、聖書引用すべても『聖書　新改訳２０１７』（新日本聖書刊行会）に差し替えています。さらに、原著「はじめに」で触れた同じ理由で、復刊にも「あとがき」はありません。

復刊の編集を担当された出版部の米本円香氏に感謝の意を表します。面倒な作業を引き受け、無理な注文にも応え、より良い作品を目指していただいたことを感謝します。

歴史上の存在としてのキリスト教会の三千年期を迎えた二十一世紀もすでにほぼ四半世紀が過ぎようとしています。ここで、キリスト教会二千年を振り返って思うことは、この教会には向かうべき目的地があることです。旧約時代の信仰者は地上のエルサレムを目的地としましたが、異邦人の使徒パウロはそれを脱歴史化して「上にあるエルサレムは……私たちの母」（ガラテヤ四・二六）としました。そして、古代教会は地上と天上のエルサレムを合わせるかのようにして、キリスト教会を「一つの、聖なる、公同の教会」また「母なる教会」と告白しました。

いつの時代でも、キリスト者には「母なる教会」の懐に抱かれて地上を歩みつつ、天上の目的地に向かう幸いがあるといえましょう。そして、これが「友人」との出会いを通して私が確認したことでもあります。

丸山忠孝

主暦二〇二三年　クリスマスを前に

目次◉キリスト教会2000年——世紀別に見る教会のイメージ

カーネギーとマルクス
近代末期からポストモダンへ
マラナタ
◆《教会史ア・ラ・カルト》決断の時

本文カット（24・30・43・54・59・98・115・150・205頁）＝吉田葉子

紀元一世紀――キリスト教会の始まり

「いとも尊き主はくだりて」

ご存じ、讃美歌一九一番です。原詩では「教会のひとつの礎《いしずえ》、その主イエス・キリスト」と歌い出しますので、『聖歌』二〇一番の「キリスト・イエスを基《もとい》として」が、より忠実な訳詩です。教会の礎はイエス・キリスト、教会の歴史の礎もイエス・キリストなのです。

西暦の伝統的表記法では、「キリスト以前」（BC）と「主（キリスト）以後」（AD）と世界の歴史を二つに区分します。これは、キリストの降誕を歴史の中心に置く考えに立っています。宗教上の中立性から、この区分を「共通紀元前」（BCE）と「共通紀元」（CE）とする表記法も標準化しつつありますが、そこでも同じ歴史理念が使われています。それで、天地創造から降誕までを旧約の教会史、降誕から再臨までを新約の教会史と見ることもできます。もちろん、私たちは新約の教会の中に生き、その歴史を形成していることになります。

最初のクリスマス。これが私たちの教会史の礎でした。二千年も昔、イスラエルの小さな村べ

「東方三博士の礼拝」アルブレヒト・デューラー

ツレヘム、しかもみすぼらしい家畜小屋の飼葉おけの中に、布にくるんで寝かせられている赤ん坊。こんな小さな弱々しい一つの生命が新約の教会の始まり、また礎であったとは驚きです。もっとも、「神の御国」を植物の中でも極めて小さい「からし種」にたとえたイエスにとっては、これはふさわしい始まりだったのかもしれません。

さらに大きな驚きは、このみすぼらしい生命が不思議・神秘・栄光に満ちた生命だったことです。降誕の数百年も前に、この生命については預言されていました。

「ひとりのみどりごが私たちのために生まれる。……その名は『不思議な助言者、力ある神、永遠の父、平和の君』……」（イザヤ九・六）。

そして降誕の当夜、天使たちは告げました。

「民全体に与えられる、大きな喜び……あなたがたのために救い主がお生まれになりました。この方こそ主キリストです」（ルカ二・一〇、一一）。

ここに、人間の驚きの限界を全く突き破り、死ぬべき人間の弱い思考能力をはるかに凌駕《りょうが》した奥義がありました。そしてこれが「キリスト教会の歴史」を理解する大切な鍵なのです。イエス・キリストの生命に生きること、これが教会の歴史です。そしてこの歴史には、論理の逆転と見られることがしばしば起こります。弱さが強さであり、貧しさが栄光であるような不思議で神秘的な要素が多くあって、それゆえにまた味わい深い歴史なのです。ちょうど飼葉おけの赤ん坊が神の御子であったように。また、罪と恥の象徴であった十字架で死んだイエスが、復活・昇天により、父なる神の右に座す栄光のキリストであったように！

「この岩の上に、わたしの教会を」

本質的なことを言えば、教会は信仰者の集まりです。教会堂という建物でもありませんし、単なる制度とも言い切れません。キリストを信じる者が集められてこそキリスト教会なのです。

確かに、教会の礎は受肉・降誕でした。しかし教会が実際に形成されるためには、その礎を信じる人々が集められなければなりません。「時が満ち、神の国が近づいた。悔い改めて福音を信じなさい」と公生涯を始めたイエスの招きによって集められた人々です。「山上の垂訓」として知られるイエスの説教に聞き入った人々を想像してみてください。「心の貧しい者は幸いです。天の御国はその人たちのものだからです」と、イエスの肉声によるメッセージを耳にした彼らの感動は、どれほどのものだったでしょうか。そこには、新約の教会の「ひな型」がありました。それは、教会の礎、イエス・キリストの声を聞き、集められた新しい神の民です。

イエスは十二人の弟子を選んで身近に置きました。「十二」とは、旧約の教会であった選民イスラエルの「十二部族」の数です。イエスを中心とするこの集まりの中に、新しい選民、キリスト教会の姿がはっきりと浮かび上がってきます。

まず、この集まりの中で、十二弟子の一人シモン・ペテロが信仰告白をしました。

「あなたは生ける神の子キリストです」（マタイ一六・一六）。

これに対するイエスの答えは、有名な教会設立の公式宣言でした。

「あなたはペテロです。わたしはこの岩の上に、わたしの教会を建てます」（同一八節）。

「岩」の解釈には問題がありますが、イエスから「岩」というニックネームをもらったペテロ、あるいはペテロの信仰告白と理解されます。いずれにしろ、イエスに集められ、イエスをキリストと告白するペテロのような人間の集まりが教会の基本的な姿です。そしてこの姿は、いつの時代の教会にも普遍的に当てはまります。それは、「二人か三人がわたしの名において集まっているところには、わたしもその中にいるのです」（同一八・二〇）とイエスが約束されたからです。

さて、三年間もそれこそ手とり足とりでイエスに指導された弟子たちは、さぞや理想的な教会の「ひな型」であったろうと考えるでしょう。ところが、福音書の記録によれば、そうではありません。彼らは、しばしばイエスの使命を誤解し、十字架に向かって直進するイエスの邪魔をし、ついにはイエス自身につまずいてしまいました。裏切り者のユダは銀三十枚でイエスを死に売り渡し、あのペテロでさえイエスを三度も否定したのです。ここに、教会の姿のもう一つの側面があります。選民イスラエルが繰り返し神に背いたように、教会も時とすると、その礎にふさわしくないものを建て上げてしまいます。それで改革が必要となるわけです。

十字架によって散らされ、失意のドン底にあった弟子たちにも改革が必要でした。その原動力は復活の事実です。死よりよみがえったイエスの生命こそが、彼らを再び集め、ペテロを立ち直らせ、疑い深いトマスに「私の主、私の神よ」と信仰を告白させたのです。そして復活の主イエスは、このように新しくされた教会に宣教の大命令を与えました。

「あなたがたは行って、あらゆる国の人々を弟子としなさい」（マタイ二八・一九）。

この世界宣教の使命のもとに、弟子たちはキリストの使徒に任命されたのでした。

エルサレムからスペインまで

弟子たちの集まりは教会の「ひな型」でしたが、それが「キリストの教会」として正式に出発したのは、ペンテコステの時でした。聖霊の降臨により誕生したエルサレム教会です。それは、イエスの「わたしの教会を建てます」という未来形での約束の成就でした。

　イエスの昇天後、エルサレムに集まっていた弟子たちに、約束された聖霊が降臨しました。

　「皆が聖霊に満たされ、御霊が語らせるままに、他国のいろいろなことばで話し始めた」（使徒二・四）。

　こうしてキリストの御霊を受けた教会は、宣教の大使命を実践するため、その歴史の第一歩を踏み出しました。教会の最初の歩みを特徴づけたのは宣教の爆発的エネルギーでした。聖霊によって「不思議としるし」が行われ、ある時など三千人もが教会に加えられたのです。使徒ペテロの証言、「人に従うより、神に従うべきです」（同五・二九）は、エルサレム教会の戦闘的姿勢を見事に表現しています。

　教会の目を見張る躍進は当然、ある人々の反感を買いました。最初の殉教者ステパノのメッセージは、ユダヤ人指導者や同胞の心をグサリと刺したはずです。

　「うなじを固くする、心と耳に割礼を受けていない人たち。あなたがたは、いつも聖霊に逆

ペテロとパウロの落書き（ローマ・聖ヨハネ教会）

らっています。あなたがたの先祖たちが逆らったように、あなたがたもそうしているのです」（同七・五一）。

さらに、ローマの権力により十字架上で処刑されたイエスを救世主と主張した弟子たちは、支配者からは反社会的分子と見なされました。迫害によって教会の信徒は散らされ、使徒ヤコブはヘロデ・アグリッパ一世の剣に倒れます（同一二・二）。教会が帝国内に広がるにつれて、迫害はエスカレートしていきました。

エルサレム教会への迫害を契機に、福音がユダヤから帝国各地にあふれるように伝えられる様子は圧巻です。たとえば、サマリアからシリアのアンティオキアへと北上、そこから小アジア各地に浸透し、そしてアジアから海峡を渡ってついにヨーロッパへ！

宣教の対象も、ペテロがローマ軍の百人隊長コルネリウスに宣教するに及んで、異邦人にまで拡張されます。初期の異邦人伝道の根拠地はアンティオキア、そしてこのために特別選ばれて登場したのがパウロです。

異邦人の使徒パウロの生涯は、当時の世界的基準からしても超人的スケールでした。地中海世界を股にかけ、各地に教会を設立、三回も大伝道旅行を敢行、そしてエルサレムのユダヤ人母教会と異邦人教会との対立の調停、信仰義認の教えの確立、キリスト教神学の樹立！「もはや私が生きているのではなく、キリストが私のうちに生きておられる」（ガラテヤ二・二〇）と叫んだこの使徒の働きの秘訣はやはり、教会に息づく復活の主の生命でした。

昇天に際し、イエスは弟子たちに「地の果てまで、わたしの証人となります」（使徒一・八）と言い残しました。ローマ教会に宛てた手紙で、パウロは当時の世界の「地の果て」、イスパニア（スペイン）伝道のビジョンを語りました（ローマ一五・二三）。地中海の東端エルサレムから西の「地の果て」スペインまでが、教会の宣教の視野に入ったのです。

クォ・ヴァディス

先述のヤコブを除き、新約聖書は使徒たちの死について多く語りません。世紀末まで生き延びたと思われる使徒ヨハネは、「神のことばとイエスの証しのゆえに」（黙示一・九）パトモス島に流罪され、後に殉教したとも伝えられています。

教会の伝説では、ペテロは（またパウロも）ローマで殉教しました。この伝説に基づいてポーランドの歴史小説作家シェンキェヴィチは、皇帝ネロ（在位五四～六八年）によるキリスト教迫害と教会の信仰の戦いを描きました。それが『クォ・ヴァディス』（一八九六年）です。ローマを背に、激しい迫害からアッピア街道を逃げる老使徒ペテロと供《とも》の少年は、ローマに向かう、太陽の輝きに似た復活のキリストに出会います。地にひざまずいたペテロは、最後の晩餐時に発した（ヨハネ一三・三六）と同じ叫びをラテン語で上げました。

「主よ。どこにおいでになるのですか（クォ・ヴァディス・ドミネ）。」

「私は再び十字架にかけられるためローマに行く！」

とのキリストの答えに、ペテロはくびすを返します。そしてローマ兵に捕らえられて、逆さ十字架にかけられ殉教するのです。

ペテロやパウロのような多くの働き人や殉教者たちによって、キリスト教会は民族宗教の殻から脱皮し、世界宗教への道をたどったのです。

教会のイメージ

一世紀のキリスト教会の最大の遺産の一つは、神の啓示としての新約聖書でした。マタイの福音書からヨハネの黙示録までの二十七巻には、バラエティーに富んだ教会のイメージが登場します。そしてそれぞれのイメージの背後には、時代と環境を異にして生きた教会の実体があったはずです。イメージを知ることにより、一世紀の教会のリアリティーがより明確に浮かび上がってきます。

マタイ、マルコ、ルカの福音書に共通する教会のイメージは神の民、しかも旧約の選民に対して、イエスを主と告白する新しい神の民です。イエスは、福音に心を閉ざしたユダヤ人に向かって言いました。

「神の国はあなたがたから取り去られ、神の国の実を結ぶ民に与えられます」（マタイ二一・四三）。

ヨハネの福音書の描くイメージは、キリストとの密接で生命的で豊かな関係です。中でも印象的なのは、良い牧者キリストとその羊の群れである教会（一〇章）、ぶどうの木とその枝としての教会（一五章）のイメージです。

使徒の働きでは、聖徒の集まりが教会です。

「子羊の前の選ばれし者たち」
（デューラー作、1496～97年頃）

その集まりの特徴は、大胆なみことばの宣教、聖霊による親しい交わり、試練と迫害です。

パウロの手紙には多種多様なイメージが登場します。パウロが手紙を宛てたローマ、コリント、ガラテヤ、エペソなどの教会の姿は実にリアルです。いかにもパウロならではのイメージを挙げてみましょう。問題や分裂の絶えないコリント教会に宛てた手紙での「キリストのからだ」のイメージ。テモテやテトスなどに牧会上の指針として送った牧会書簡では、秩序ある制度・組織体としての教会、また異端者に対しては「真理の柱」としての教会のイメージ。さらに、ローマに捕らわれの身でしたためた獄中書簡では、個々の教会を超越した普遍的・公同教会と、そこで

「教会のかしら」として君臨するキリストのイメージ。パウロの次の言葉は、彼の教会観の頂点を示すものでしょう。

「神はすべてのものをキリストの足の下に従わせ、キリストを、すべてのものの上に立つかしらとして教会に与えられました」（エペソ一・二二）。

帝国内で、教会が意識的に迫害の対象となった紀元六〇年代以降の作と思われるペテロの手紙やヘブル人への手紙などでは、この世界との鋭い対立の中で、教会のイメージが形成されました。「霊的な神の家」、「聖なる国民」、この世の「寄留者・旅人」としての教会です。

一世紀末に書かれたと思われるヨハネの黙示録には、小アジアの「七つの教会」の象徴的な姿もさることながら、終末の教会のイメージが鮮烈に描かれています。子羊（キリスト）の前で賛美するその数は万の幾万倍の「聖徒の大群」、十四万四千人の終末的イスラエル、そして聖なるエルサレム、新天新地のイメージです。

「聖なる都、新しいエルサレムが、夫のために飾られた花嫁のように整えられて……」（二一・二）。

これこそ、一世紀以降の「キリスト教会の歴史」の終末的ゴールと言えましょう。

教会史ア・ラ・カルト

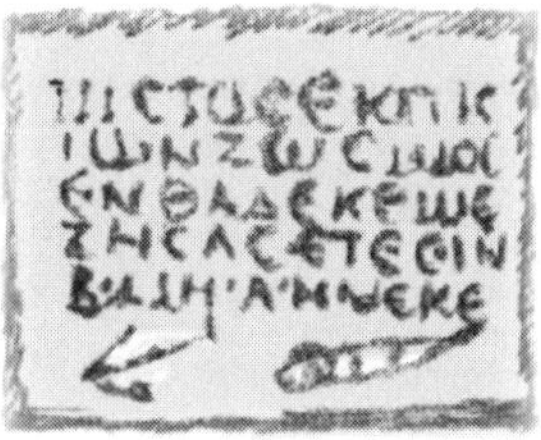

永遠の生命

　上のカットは、迫害下の教会がしばしば礼拝所として利用したローマの地下死体安置所（カタコンベ）の墓碑の一つで、初期のクリスチャンのものである。

　右下にある魚は、「イエス・キリスト、神の御子、救い主」という告白をギリシア語で頭文字だけとると、イクソス（魚）となることから、キリスト教信仰のシンボルとなったもの。左下の錨は、ヘブル人への手紙六章一九節、「この希望は、安全で確かな、たましいの錨《いかり》のようなものであり……」に由来し、復活の希望を表現する。

　碑文（ギリシア語）は、「信心深い両親の信仰の子、ゾシモス、私はここに眠る。二年と一か月二十五日を生きて」と読まれる。

　このクリスチャン子弟の薄命さと、この子に託された信仰告白と、永遠の生命の希望の雄大さとのコントラストには胸を打つものがある。

紀元二世紀――十字架を忍ぶ教会

「剣によらず、十字架により。」

これがローマ帝国を信仰の上で制覇したキリスト教の最初の五百年の歴史でした。確かにキリスト教は、紀元三世紀に大きく躍進し、四世紀にはコンスタンティヌス大帝により公認され、さらに国教にまでなりました。事実、紀元五〇〇年ごろまでに帝国内の住民の大半はキリスト教徒となっていました。十字架のシンボルはそれこそ帝国中にあふれていたのです。まさに十字架の勝利です。

しかし、この勝利も犠牲あってのことでした。十字架本来の意味である「迫害と受難」の時代を通らなければならなかったわけです。ここで取り上げる紀元二世紀は、実にこのような時代――次に来る躍進の三世紀のための下積みの役割を果たした時代なのです。

「この方〔イエス〕は、ご自分の前に置かれた喜びのために、辱《はずかし》めをものともせずに十字架を忍び、神の御座の右に着座されたのです」（ヘブル一二・二、〔 〕内著者）。

十字架を忍びながらの歩み、これが二世紀の教会の姿です。

ワシとネズミ

教会の歩みが第二世紀に入ったころ、帝政期ローマは、いわゆる五賢帝時代（ネルヴァ、トラヤヌス、ハドリアヌス、アントニヌス・ピウス、マルクス・アウレリウス。九六～一八〇年）の安定期に入っていました。有名な『ローマ帝国衰亡史』を書いた歴史家ギボンが「人類が経験した最も幸せな統治」と呼んだ時代です。歴代皇帝は財政改革・経済振興・社会福祉の拡充などに努め、「ローマの平和」の名にふさわしい泰平の時代でした。

時の元老院から「最善の元首」と称賛されたトラヤヌス帝の治世（九八～一一七年）に、帝国は最大の版図に達しました。東はカスピ海沿岸、西はスペイン、北はスコットランド、ライン川、ドナウ川を結んだ線、そして南はサハラ砂漠までの広大な支配です。ローマが世界に誇った軍隊・法体制・行政機関、そして「すべての道はローマに通じる」と言われた道路網がこの平和を支えたのです。

そして、大帝国を精神的に束ねるものとして奨励されてきたのが皇帝礼拝でした。これは、ユ

トラヤヌス帝

リウス・カエサル（シーザー）が始めた皇帝神格化の古い制度ですが、このころまでに帝国内各地に広められていました。ローマへの忠誠心のテストともなった「皇帝は神である」という誓いは、強制力のある制度です。もちろん、キリスト教会はこれと宿命的な対決を迫られることになりました。

さて、この大ローマ帝国に対するキリスト教会の存在はどのようなものだったのでしょうか。

確かに、教会の宣教は小アジアを中心として、ローマをはじめ多くの属州に及んでいました。しかし宣教活動はおもに人口の密集した都市、しかも下層あるいは奴隷階級に向けられていたため、教会も小さく、知られていない存在でした。帝国にとっては、オリエントから流入してきた宗教の一つぐらいにしか映らなかったことでしょう。それこそ、帝国の権力のシンボル、双頭の大ワシと対決する一匹のネズミだったわけです。

ユニークな福音

それでは、どうしてキリスト教だけがこの対決で勝利を収めたのでしょうか。答えはいろいろで、また複雑です。あえて一つだけここで特筆するとすれば、それは福音のユニークさです。当時の人が常識では考え出すことも理解することもできないほど、桁外《けたはず》れで独特なメッセージだったのです。いくつか例を挙げてみましょう。

まず神理解。旧・新約聖書の唯一神教の立場から、「天地創造の神以外は、すべて偶像にすぎない」という主張です。当時は政治と宗教が一体となっており、家・村・町・国家それぞれが神々を祭っていたため、そこでこの主張を通すことは社会の根底を揺さぶることでした。キリスト教徒が、「無神論者」とか「人類社会の敵」としばしば非難された事実も、これでうなずけます。

次は歴史の見方。帝国広しといえども、聖書のように天地創造から世の終わりまでを一貫してとらえる歴史観をもつ宗教は、まれでした。しかも、神の正義の実現する場が歴史だというのです。とりわけ、中天にかかる太陽の勢いにも似たローマ帝国が衰亡するなどだれも予測しなかったときに、キリスト教は、罪のゆえに滅びると見ていました。ヨハネの黙示録（一七、一八章）は、諸悪の巣くつである大バビロン、ローマが滅びると予言していたのです。

そしてユニークさの頂点は救いの理解です。これは、十字架で処罰されたイエスを救い主としたということです。パウロは、十字架の福音が、しるしを求めるユダヤ人にとってはつまずき、知恵を求めるギリシア人にとっては愚かと言いました（Ⅰコリント一・二二、二三）。しかし「力と徳」を追求したローマ人にとっては、十字架は「弱さと恥」のシンボルでしかなかったのです。

このローマ人の心情を代表して、福音に最初の組織的攻撃を仕掛けたのはケルソスでした。二世紀の中ごろに活躍した彼は、最古の反キリスト教文書『真理の言葉』の中で、キリスト教の主要教理を逐一論駁《ろんばく》し、「世界に多数ある宗教の中で、キリスト教だけが十字架で処刑された罪人を神として礼拝している」と皮肉りました。誇り高いこのローマの哲学者の目には、十字架があまりにも非力で不道徳な迷信と映ったのでしょう。

一般大衆もケルソスと同意見であったことが左上のカットからも推測されます。この落書きは二世紀のもので、皇室の給仕養成学校として用いられたと言われる建物に残されたものです。たぶん同僚がキリスト者（アレクサメノス、左側？）を「十字架につけられたロバを拝む者」とばかにしているのでしょう。

アレクサメノスの掻《か》き絵（略図）

最後に、福音の宣教もまたユニークでした。当時、ローマは諸宗教に寛容であったため、多くの宗教が帝国内で自由に信者を増やしていました。その際、ほとんどの宗教が、それが真理であるとは言いましたが、唯一の真理とは主張しませんでした。二つ以上の神々を「信奉」し、また「帰依」することができたばかりでなく、それは社会生活上必要でもあったのです。皇帝礼拝もその中の一つでした。しかしキリスト教は違いました。それまで信じていた神々を否定し、それから一八〇度身を転じる「回心」を要求したのです。ローマは、「唯一の真理」

を主張し、徹底した「回心」を求めるこの宗教にとまどいを感じたのでした。

十字架の福音はそのユニークさのゆえに、二つの異なった反応を招きました。それに引き寄せられる者と反発する者です。

「我は……信ず」

一見泰平と言われたこの時代も、ひと皮むけば、罪と汚れに打ちひしがれた魂が救いを求めている時代でした。ある歴史家が「神経衰弱」と呼んだこの時代に、十字架のメッセージは罪の赦しと神との平和をもたらし、人々の心を引きつけたのです。

また、教会が、福音を当時の人々に魅力あるものとして提示する努力も見られました。

一世紀末から二世紀中ごろまでは一般に「使徒後時代」と呼ばれ、使徒の弟子であったり面識があったりした、いわば「生き証人」とも言える使徒教父たちの時代です。ローマのクレメンス、アンティオキアのイグナティオス、スミルナのポリュカルポスらが活躍し、『ディオグネトスへの手紙』、『ヘルマスの牧者』、『十二使徒の教訓』などの著作が現れました。そしてその時の教会の最大の関心事は、使徒の教えを正しく継承して宣教し、それを教会内外の分派や異端からいかに守るかということにありました。

異端の中でも、十字架の福音を根本から否定したのがグノーシス主義でした。これは極端に二元論的な教えで、グノーシス（知恵）を得ることによって肉体から解放された魂が救われると説きました。物質を創造した神を悪神と見なして旧約聖書を退けたのみならず、受肉・十字架・復活の教理をすべて否定しました。神は肉体をとることはできず、したがって神であるキリストは十字架で苦難を受けることはあり得ないし、肉体の復活はないというのです。

このような異端に対して、使徒的教会は正しい信仰告白をもって対抗しました。私たちに親しい「使徒信条」はその代表的なものです。これは従来、十二使徒がそれぞれの告白を持ち寄ってつくったと信じられ、使徒信条と呼ばれたのですが、その起源は、使徒後時代のローマ教会の洗礼式における受洗者の告白にあったと言われます。それゆえ、第一人称で「我は……信ず」（クレド）となっているのでしょう。しかしその告白の内容は、「天地の創《つく》り主《ぬし》」から「身体《からだ》のよみがえり」に至るまで、反グノーシス主義を目指した信仰の身体・歴史性への大胆な告白です。

ポリュカルポスはキリスト者

他方、十字架の福音への教会外からの反発も激しいものがありました。特に福音が理解されにくかっただけに、反発も理不尽で、熱狂的な迫害の形態をとることがしばしばでした。このことをテルトゥリアヌスは『護教論』（一九七年頃）の中で、次のように述べています。

「もし（ローマの）テベル川の水位が市の城壁まで上がれば、もし（逆に、エジプトの）ナイル川が田畑を冠水するまで氾濫しなければ、もし天が雨を降らせなければ、もし地震や凶作や疫病が起これば、彼らはすぐさま『キリスト者どもをライオンの餌食に！』と叫び出すのである。」

五賢帝時代のキリスト教徒迫害は、中央権力からの一貫した方針や法的規制に基づくものではありませんでした。むしろ地方統治のレベルで、しかも反感を抱いた人民の手によって開始された場合が多かったようです。

キリスト教以外の資料で最初にこのことに触れているのは、小アジアのビテュニア（今日のトルコ）の総督プリニウスからトラヤヌス帝に宛てた手紙とその返書（一一〇年頃）です。プリニウスは、最近その数を増しつつあり、その中には訴えられた者も出てきたキリスト者の処遇に関し、皇帝の意見を求めました。問い合わせの核心は、「犯罪の有無とは関係なく、キリスト者であること自体が処罰の根拠となり得るか」でした。トラヤヌスの答えは、「なり得る」でしたが、キリスト者を探し出して迫害することは許さず、彼らが訴えられ、そして棄教しない場合のみ処罰を命じています。この方針によれば、キリスト者が常に迫害を受け得る危険な状態にあり、人々のねたみや誤解などの犠牲者となり得ることを意味していました。

その典型的なケースは、スミルナの老主教で、使徒ヨハネの弟子と自称したポリュカルポスでしょう。小アジアのフリュギア地方で起きた迫害の時（一五五、六年）、彼は捕らえられ、異教の祭りのためにスミルナの競技場に集まった群衆の前で、地方総督の審問を受けました。主教の老齢に同情する総督は彼に背教を迫ります。両者の対話は緊迫感にあふれたものでした。

――「自分の年齢を考えてはどうか。……皇帝の英知により誓え。改心して、『無神論者（キリスト者）ども、失せてしまえ』と言え。」

――（異教徒の群衆に向かって）「無神論者ども、失せてしまえ。」

――「誓いをしたら、おまえを解放しよう。キリストをののしれ。」

――「八十六年も私は彼のしもべでした。彼は私に対し何一つ悪いことをなさらなかったのです。どうして私を救ってくださった王を冒瀆できるでしょうか。」

――「改心しなければ、おまえを野獣に与えてもよいのだ。」

――「どうぞ連れて来てください。私たちには、善い状態から悪い状態への改心などあり得ないのです……。」

――「火刑にするぞ……。」

――「あなたは、ひと時しか燃え続かず、すぐ消えてしまう火で私を脅かすつもりですか。それは、あなたが、来るべき審判と永遠の処罰の折りに邪悪な者を待ちかまえている火を知らないからです。」

こうして、説得に失敗した総督は群衆に向かい三度、次のように宣言しました。

「ポリュカルポスはキリスト者であると告白した。」

そしてこの告白は老主教に、火刑による殉教の死という高くかつ尊い代価を要求したのでした。

キリスト者は世界の魂

「十字架を忍ぶ教会」として二世紀の教会の一面をとらえてきましたが、それは圧倒的なローマ帝国の力に対し、弱々しく、誤解され、さらに迫害される教会の姿でした。

しかしそれとは表裏一体である、もう一つの面も忘れてはなりません。十字架が弱さのシンボルであると同時に、復活に象徴される勝利のシンボルでもあるということです。すなわち、「私たちの信仰、これこそ、世に打ち勝った勝利です」（Ⅰヨハネ五・四）とあるように、世に勝利しつつある教会の姿です。

使徒パウロは、一世紀中ごろのキリスト者の姿をこのように記しています。

「（私たちは）人に知られないようでも、よく知られており、死にかけているようでも、見よ、生きており、懲らしめられているようでも、殺されておらず、悲しんでいるようでも、いつも喜んでおり、貧しいようでも、多くの人を富ませ、何も持っていないようでも、すべてのものを持っています」（Ⅱコリント六・九、一〇）。

ちょうどそれより百年ほど後、『ディオグネトスへの手紙』の著者（不明）は、二世紀のキリスト者像をこう表現しました。

「キリスト者は自由に人をもてなすが、純潔は保っている。彼らはすべての人を愛するのだが、すべての人から迫害されている。彼らは貧しいのだが、すべての人を豊かにしている。……ひとことで言えば、彼らがこの世にあるということは、ちょうど魂が体の中にあるようなものだ。」

愛餐。ローマのサン・カリストのカタコンベ（地下墓地）に描かれた壁画（3世紀前半）

「体と魂」「世界と教会」との対比から、この世界の中で中枢的・霊的な機能をもつ教会のイメージが登場してきます。この「魂」的存在としての教会こそ、キリスト教の勝利の重要な原因と言うべきでしょう。

このイメージをうまく表現したのが、「公同の教会」という言葉です。「公同」とは「世界中に広がった」とか「普遍的な」との意味です。この言葉が最初に登場するのは、アンティオキア教会の主教でローマで殉教した（一〇七年頃）と言われるイグナティオスの手紙です。「どこでもイエス・キリストのおられるところには、公同の教会がある。」

教会史ア・ラ・カルト

「祈る人」
（オランテ）

古代教会の祈りの人の姿。上のカットは紀元三、四世紀頃、ローマのキリスト者が地下墓地として利用した場所にある「プリスキラのカタコンベ」の天井フレスコ画である。

像やフレスコによる同時代のオランテは、異教徒のものもローマ、ポンペイ、ナポリなどで多く発見されている。しかしそれらの多くが、腕を下げヒジを脇腹につけたまま、ヒジのところから手を前に伸ばし、掌《てのひら》を上に返した祈りの姿勢を示している。上のカットとは対照的である。

聖書は、「男たちは……どこででも、きよい手を上げて祈りなさい」（Iテモテ二・八）と勧めている。キリスト者のおおらかで、のびのびとした神との交わりを感じさせる姿である。

紀元三世紀——嵐の中のノアの箱舟

三世紀のキリスト教会の姿を「嵐の中のノアの箱舟」としてとらえてみましょう。もちろんノアの大洪水は地中海世界の荒海、箱舟は新約の教会です。

二世紀の教会を「十字架を忍ぶ教会」と見たのですから、それに比べてより積極的・躍動的なイメージが浮かんできます。それもそのはず、三世紀の教会は、外からの組織的な迫害と内からの問題を乗り越えて、目覚ましい躍進を遂げ、社会に積極的に浸透していったからです。

三世紀初頭、ローマ教会で活躍したヒポリュトスは、当時の教会をノアの箱舟とたとえた最初の一人です。しかも彼は各地の教会を、ローマ海軍のような大艦隊を構成する船と見立てているのです。

「艦列を組む船は教会、荒海は世界です。そこで、

船をかたどったランプ（4世紀）
船上の水先案内のキリストと舵をとるペテロをモチーフにしていると言われている。

船が波間深く投げ込まれでも、決して難破することはありません。それは、船には腕の立つ水先案内人、キリストが乗船しておられるから。」

さらに、この船は復活という戦勝記念盾を飾り、十字架のマストを掲げ、旧・新約聖書という舵を備え、新生という網によって人々を海より救い上げ、キリストの聖なる戒めという錨を下ろし、聖霊という天来の風に吹かれて天の港に真っすぐ進んで行く……。このように勇ましく、いきいきとした描写の中に、三世紀の教会の躍動を感ぜずにはおれません。

明暗

五賢帝時代に次ぐ百年間にローマ帝国は危機を迎えました。賢帝マルクス・アウレリウスが慣習を破って、能力のないその子コンモドゥスに帝位を継がせて（一八〇年）から、古い共和政を廃して専制君主政を導入したディオクレティアヌスの即位（二八四年）までの約百年間に、なんと二十二人もの皇帝が登場するといった混乱期に入ったのです。中には軍人皇帝も多く、いまや軍隊がかろうじて帝国の統一を保つというあり様でした。さらに、度重なる内乱・外敵の侵入・疫病なども人口を減少させ、インフレを招き、人心を不安に陥れました。「ローマの平和」は昔の夢となりつつあったのです。

帝国の弱体化は教会にとって、むしろ有利に働きました。

まず、社会不安はかえって、人々を信仰に目覚めさせました。世界という海が荒れれば荒れるほど、教会は、天の港を目ざす安全な船と映ったことでしょう。

さらに、内外ともに山積する問題を抱えた帝国が、キリスト教にまで十分手が回らなかったというのも事実です。依然として教会は非合法で、反社会的な集団というレッテルを貼られていました。それで皇帝の気が向けば、地域的・突発的な迫害も起きたのです。しかし三世紀前半の五十年間、大規模な迫害を受けることなく教会は教勢を大きく伸ばしていきました。

そのうえ公認宗教の権威も帝国とともに弱体化し、教会に対する諸宗教の抵抗も弱まってきました。そして寛容な態度をとる者も出てきたのです。たとえば、アレクサンデル・セウェルス帝(在位二二二~二三五年)の母であり後見人であったユリア・ママエアは、名声の高いキリスト教神学者オリゲネスから教えを受けていました。皇帝自身も母の影響からか、私用の礼拝所にローマの神々と一緒にキリストの胸像を安置したと言われています。

このように、教会の順調な前進には目を見張るものがありました。二世紀末にテルトゥリアヌスが少々大げさに言ったことが、三世紀前半の教会に現実となろうとしていたのです。彼の『護教論』に見られる自信に満ちた言葉は、教会と帝国の明暗を示唆しています。

「われわれ(キリスト教徒)は昨日生まれたようなものであるが、あなたがたのものであるすべての場所――町・島・城・村・市場・兵営ですら、また、部族・裁判官の組・宮廷・上院・法廷にまでわれわれは満ちている。われわれがあなたがたに残した場所は、あなたがたの神々の神殿だけである！」

カエサルとキリスト

帝国と教会とは、いずれ衝突する運命にありました。コンモドゥス帝の治世（一八〇～一九二年）に北アフリカのカルタゴで起きた迫害の際、地方総督から取り調べを受けたキリスト者は、「主なる皇帝にいけにえをささげよ」と命じられました。しかし彼ら殉教者の答えはこうでした。

「私たちは主キリストを知っています。彼は王の王であり、すべての国民に君臨する皇帝である。」

この答えは来るべき衝突を予見していました。事実、順風満帆の勢いで進んでいた三世紀の教会に、突然、嵐が襲ってきました。それは、公同教会が初めて直面した全帝国的な規模の迫害です。

二四八年、帝国はローマ建国紀元一千年を盛大に祝っていました。偉大なローマの過去の栄光をたたえながら、人々は国家意識の高まりに酔ったことでしょう。ところが折悪しく、帝国は新

ローマのコロセウム（円形闘技場）。しばしばキリスト者の殉教の場となった。写真では、床下の施設がむき出しになっている。（画像・Jean-Pol GRANDMONT on wikipedia）

しい脅威におびやかされていました。北方のゴート族と東方のササン朝ペルシア軍の侵入です。そして過去の栄華と現在の混乱との対比を見るにつけ、人々はキリスト者をヤリ玉に上げていきました。古い神々をないがしろにし、皇帝崇拝や軍務を拒否しているキリスト者は、国家への反逆者です。彼らを迫害することは、神々が尊敬されていた栄光の時代の復興となると考えたのです。

二五〇年、宿命的な勅令がデキウス帝により発布され、国家の神々へいけにえをささげ、その事実を裏づける証明書を受けることが、帝国内のすべての者に義務づけられました。表面的なねらいは「一つの帝国、一つの宗教」という政策の徹底ですが、ほんとうのねらいは教会を根こそぎ滅ぼすことでした。さらに、デキウスの協力者で、後に皇帝となったヴァレリアヌスは、キリスト教会をねらい撃ちにする二五八年の勅令で、迫害の追い打ちをかけました。教職者と判明した者には死刑が、キリスト者と判明した貴族や役人には身分剥奪が待っていました。

教会は、予期しない突然の嵐に大きく揺れ動かされます。勅令に従わない「告白者」の多くは殉教の道を選びました。その中には、ローマのファビアヌス、アンティオキアのパビュラス、カルタゴのキプリアヌスのような主教も含まれていました。そしてその他の「告白者」の多くは、投獄・拷問・鉱山での強制労働などの制裁を受けました。オリゲネスも投獄・拷問の数年間の後、健康を損ない没します。

もちろん、平和な時代に教会に加わった者の中には、いけにえをささげることは避けつつ証明書を役人より買い取った妥協者、また棄教者も多くいました。迫害の終了後、彼らが教会に復帰できるか否かに関して、後に教会の分裂まで引き起こすことになります。

いずれにしろ、教会にとって幸いなことは、キリスト教撲滅計画が成功せず、迫害も長続きしなかったことです。皮肉なことに、デキウスはゴート族との戦いで戦死（二五一年）、ヴァレリアヌスはペルシア軍に敗れ、捕虜となりました（二六〇年）。そしてもっと皮肉なことは、ヴァレリアヌスの息子ガリエヌス帝は父の政策を捨て、教会との融和政策に踏み切ったことでした。

こうして、迫害の嵐をくぐった教会はさらに強力になり、三世紀後半には平穏な時代を迎え、十字架のマストを掲げつつ前進することになりました。

信仰は真理

ギリシア語で「信仰」を意味するピスティスは、「信ずるに足ること」すなわち「真理」をも意味します。教会が信じ告白することは、同時に真理として教えられ、知的に弁証されることなのです。

福音の弁証は、使徒たちの宣教活動の大切な部分でした。パウロの言葉、「私が福音を弁証するために立てられていること」（ピリピ一・一六）、また、ペテロの勧め、「あなたがたのうちにある希望についてて説明を求める人には、だれにでも、いつでも弁明できる用意をしていなさい」（Ⅰペテロ三・一五）などが、この点を明らかにしています。

二世紀の教会も弁証を重視しました。弁証活動には当然、二つの方向があります。一つは、教会内部の間違った教え（異端）に対し、正しい教えを弁証するもの。この類の代表例は、南フランス、リヨン教会の主教エイレナイオスの筆になる『異端反駁《はんばく》』（一八〇～一八五年）でしょう。当時の教会にとって大脅威となっていたグノーシス主義をはじめ、あらゆる種類の異端を反駁した全五巻の大作です。

もう一つは、教会外の異教の宗教や哲学からの攻撃に対し、福音を弁護するもの。殉教者ユスティノスの『第一弁証論』と『トリュフォンとの対話』（共に一五五～一六〇年頃）はその代表作です。最初の作品は、皇帝アントニヌス・ピウスに宛てられ、当時の人々のもつ様々な誤解や非難に対する弁明。第二の作品は、ユダヤ人トリュフォンと著者との対話形式で書かれ、ユダヤ教からの攻撃に応えるものです。

三世紀に入りますと、キリスト教を攻撃する側と、それを弁証する側は、哲学・倫理・法律・医学・音楽・詩学などあらゆる学問を利用して対戦することになります。こうして弁証論や聖書の理解が深められていくにつれて、次第にキリスト教神学が形成されていったのです。

弁証家として、また神学者としてこの時代を代表する人は、エジプトのアレクサンドリア生まれのオリゲネスです。一説によれば彼は二千冊の書物を著したということですが、現存するものの代表作は晩年の作品『ケルソス駁論』と、キリスト教最初の組織神学書『原理論』です。

ケルソスの攻撃に対する徹底した反論の中で、オリゲネスは最も理にかなった宗教としてキリスト教を提示します。特に、帝国の弱体化の原因はキリスト教にあり、とする非難に対しては、キリスト教の真の神礼拝こそが帝国を強め得ると主張します。

「全ローマ帝国が、真の神礼拝で一致するならば、神は彼らのために戦い、多くの敵を倒してくれよう!」

『原理論』は神・世界・自由意志・聖書の四巻からなるスケールの大きい書物です。ここには、あらゆる真理の源泉をキリストに求める立場がうかがえます。また、彼の用いた考え方や用語は、次の四、五世紀に確立される三位一体、キリスト二性一人格といった基本教理の下地をつくったと言われます。

愛と慈善の福音

福音のユニークさ、その真理性の弁証、殉教者などは、確かに二、三世紀の教会の躍進に貢献しました。しかしキリスト者の生き方や生活様式はそれらにまして、信仰を魅力あるものにしたのです。特に、キリストの愛と奉仕の精神の実践は人々の心を動かしました。教会史家ハルナックが言うように、罪からの救いをもたらす福音は、「愛と慈善の福音」とならざるを得なかったのです。

教会は、サタンの支配するこの世に不義・苦しみ・悲しみが満ちていることを知っていました。また社会問題一般を、滅び去るべきこの世に属する二次的なものと見なしました。たとえば、教会は奴隷制を悪と考え、キリスト者の奴隷が合法的に解放されて自由人となることを奨励しました。そのための資金援助もしましたが、奴隷制そのものの廃止を提唱したわけではありませんでした。まして、世の中を良くするために革命や暴力に訴えることはなかったのです。

しかし救いの網により人々が教会に引き上げられ、信徒の愛に基づく共同体が形成されるや、この世から見れば革新的な社会秩序が、そこにおのずと誕生しました。この世での身分や貧富の差が通用しない共同体。その差を社会改革によってではなく、愛と慈善によって是正しようとした共同体。社会学者トレルチが「愛

聖リディア教会（ピリピ）の内部に描かれた壁画。古代教会は、子どもや女性を大切にするユニークな共同体だった。

による宗教共産主義」と呼んだこの共同体が帝国の中にあること自体が、大きな福音の証しであったのです。

当時の教会が、内と外に向けて行った奉仕活動の例を挙げてみましょう。

①教職者や教会役員のサポート。②やもめや孤児の支援。③病人や身体障害者への援助。④囚人や鉱山労働者のため。⑤貧者や行き倒れのための埋葬。⑥奴隷の生活と解放のための資金。⑦被災者の救援。⑧旅先にある同信者のもてなし。

これらの働きは、まず教会内で、次いで教会外の未信者にまで対象が広げられました。デキウス帝の大迫害のころ、ローマ教会は百名の教職者に加え、千五百名のやもめ・孤児などの貧者の生活を支えていたと言われます。また同じ迫害の時、ローマ教会の執事ラウレンティウスが教会財産の没収を迫られ、「教会財産は貧者のみ」と答えたという有名な話もあります。

教会の外に救いは……

三世紀の教会を、混乱し迫害の嵐に荒れるローマ帝国の中のノアの箱舟に見立ててきました。この箱舟の航路を振り返ってみると、その安全性と進路の確かさが印象として残ります。また、四世紀のキリスト教公認という快挙に向けての教会の自信のほどがうかがえます。

こんな自信の表れなのでしょうか、教会の制度も大きく発展し、エルサレム、アレクサンドリア、アンティオキア、ローマといったキリスト教の中心地では教職制度の整備が目立ちました。信徒と教職者との区別はますますはっきりし、教職者の間でも司祭と主教、主教職の間でも主教・大主教・総主教と職務が分かれてきます。主教は新約聖書の「監督」に由来するのですが、次第に、司祭を任命する権限をもつ別格の位とされ、「お父さん」（パパス）という尊称で呼ばれるようになりました。この称号は後代になると、ローマの主教が教皇（パパ）として独占するようになるのです。

また、回心から求道、求道から洗礼へという段階、信者が罪を犯した場合の悔い改め、洗礼や聖餐の儀式の発展など、教会は組織的にも充実しました。さらに、迫害下にあり非合法の教会が、専用の会堂建築を各地で始めたことも、自信の表れと言えましょう。

この自信がカルタゴの主教キプリアヌスにあの有名な言葉を、しかも、デキウス帝の大迫害の直後に言わせたのです。

「教会の外に救いはない。」

教会史ア・ラ・カルト

結　婚

古代教会は、聖書の教えに従い、結婚の聖さと一夫一妻制を重んじた。

テルトゥリアヌスは、ある意味で遺書とも言える『妻への書』（二〇三年頃）で、夫人を「私の最愛の、主にある同労のしもべ」と呼んだ。結婚のもつ永遠的性格を意識してか、もし自分が先に死んだ場合、再婚しないように勧めてもいる。

上のカットはこの時代のレリーフに描かれた、いかにも幸福そうなキリスト者夫婦像。

上部左右には、ギリシア語のアルファとオメガにはさまれたイエス・キリストのイニシャルが、下部左右には聖霊のシンボル、鳩があしらわれている。頭上の花環は永遠の生命を表し、印象的である。

紀元四世紀——新しい賛美を歌う教会

「新しい歌を主に歌え。
主は　奇しいみわざを行われた。
その右の御手　聖なる御腕が
主に勝利をもたらしたのだ。
主は御救いを知らしめ
ご自分の義を国々の前に現された。」

主の戦いでの勝利を祝う詩篇九八篇一、二節です。最初の教会史家エウセビオスが、コンスタンティヌス帝の台頭によってキリスト教の神がついに勝利を収めたとの感慨を込めて、著書『教会史』の最終巻の冒頭で引用した詩篇です。

勝利の賛美を歌う教会！　これは、四世紀の公同教会の姿を見事に表現しています。ついに日の目を見た教会！　それまで「人類の敵」「無神論者」と非難され、迫害に甘んじてきたものが公認を勝ち取った！　そんな教会を想像してみてください。賛美と喜びの声はどのように響いたことでしょうか。

この教会の歴史をひもとくと、確かにハレルヤ・コーラスが聞こえてくるような時代でもありました。「嵐の中のノアの箱舟」として見た三世紀の教会の躍動が、いまや爆発的な賛美となったのです。

それにしても、「新しい歌」とは象徴的です。それは、四世紀の教会が、それまでの歴史の中で経験したことのない新しい状況の中に置かれたことを意味します。教会の歴史の新しい一章が開かれ、新しい教会の息吹が聞こえてきます。

このしるしにより

専制君主政を導入したディオクレティアヌス帝（在位二八四～三〇五年）は、立法・司法・軍事の最高権を一手に握り、混乱していた帝国の建て直しを図りました。また帝国の広大な領土をより有効的に治めるため、「四帝分治制」——帝国を東と西に二分し、それぞれに正帝と副帝を置きました
このころ、帝国はキリスト教会に対する態度の選択を迫られていました。デキウス帝の迫害をも生き延び、「帝国内の帝国」のような独自の組織力をますます強めてきた教会を無視できなく

なったのです。基本的には二つの対策が可能でした。武力をもって教会を屈服させるか、あるいは、教会と盟約を結び、それを利用するかでした。

前者の迫害政策をとったのがディオクレティアヌスです。三〇三、三〇四年の一連の布告により、会堂破壊・聖書の没収・教職者の投獄・神々へのいけにえの強制などの迫害が帝国全域に起きました。

後者の融和政策をとるのがコンスタンティウス・クロルス（在位二九三〜三〇六年）とその子のコンスタンティヌス大帝（在位三〇六〜三三七年）です。父コンスタンティウスは、副帝としてライン川前線防衛の任にあたり、今日のイギリスとフランス地域を統治していました。ディオクレティアヌスの迫害布告に対しては、いちおう会堂破壊などのジェスチャーを示しましたが、キリスト者を積極的に迫害することはありませんでした。キリスト者に好意をもたれていた彼の死後、コンスタンティヌスがその政策を継ぐことになります。

そしていよいよ、迫害政策と融和政策との決定的な対決が起きます。三一二年十月二十八日、ローマの北、テベレ川にかかるミルヴィウス橋での決戦です。互いに正帝を主張するマクセンティウスとコンスタンティヌスとが、帝国の西半分の覇権をかけて戦ったのです。

コンスタンティヌス大帝の像
（画像・Jean-Pol on Wikipedia）

一説によれば、決戦前夜、コンスタンティヌスは夢で一つのしるしを見、「このしるしにより勝利を収めよ！」とのお告げを受けました。そのしるしは、ギリシア語でキリストを意味する「クリストス」の最初の二文字、キー（X）とロー（P）との組み合わせでした。翌朝彼は、自軍の兵士のかぶとや盾にこのしるしを塗り、決戦で大勝します。一方マクセンティウスは敗走中、テベレ川に落ち、溺死します。

この決戦の意義は絶大です。ローマ皇帝がキリスト教の神、キリストの加護によって勝ったことが、万人の心に印象づけられたからです。迫害政策の失敗です。

この段階で、コンスタンティヌスがキリスト教信仰を正しくもっていたかは疑問です。しかし教会が彼を「天よりの解放者」と見なしたことは事実です。『教会史』の著者エウセビオスは『コンスタンティヌス伝』の中で、しるしを見た皇帝が、「彼に現れた（キリスト教の）神のみを、今後礼拝することを決意した」と伝えています。これは、多分に希望的観測を含んだ表現ですが、当時のキリスト教会の期待を反映しているでしょう。

左ページ下のカットは、コンスタンティヌスが発行した二つの銅貨の裏面です。右のものは、彼が異教の信仰をもっていた時代のもので、三一二年の決戦以前にロンドンで鋳造されました。皇帝自身がその分身であると言われた無敵太陽神を表し、「私は、ただ無敵なる者に従うのみ」と刻まれています。左のものは、後にコンスタンティノポリスで鋳造されたもの。十字架をあしらった皇軍旗の上に、キー・ローのキリストのしるしが載せられています。刻まれた文字も「帝国の希望」とあり、彼のキリスト者としての自覚がうかがえます。

いずれにしろ、大帝はキリスト教信仰を次第に深め、三三七年病死します。その直前、種々の理由により延期してきた洗礼をエウセビオスより受け、公同教会の一員として没しました。

一つの帝国、一つの教会

コンスタンティヌスの台頭により、教会は新しい事態に直面します。三一三年のミラノの勅令によって公認宗教とされた教会は、帝国との公的なかかわりを余儀なくされることになったのです。具体的には、帝国の宗教政策の一環に組み込まれるという事態です。

コンスタンティヌスの宗教政策を、「一つの帝国、一つの教会」と見ることができます。「一つの帝国」とはディオクレティアヌスの理想で、一人の独裁的な皇帝の意志によって帝国を再編成すること。「一つの教会」とは、その再編成のために、特にキリスト教を利用することです。ここで注意すべきことは、コ

コンスタンティヌス大帝の銅貨

ンスタンティヌスが宗教の統制を、従来の皇帝のように神から与えられた務めと理解した点です。キリスト教に帰依した後も、歴代の皇帝が国家の神々との関係で使用した「大祭司」の称号を彼が捨てなかったのも、このためです。

キリスト教を用いての帝国の再編成、これが大帝の政策でした。三三〇年に帝都をローマからコンスタンティノポリス（今日のイスタンブール）に移したのもこの政策の一環です。異教宗教の影響力の強いローマを離れ、キリスト教人口の集中している東方の地に、キリスト教に基づく都市を建設したのです。事実、落成式典はキリスト教式で盛大に行われ、新都は聖母マリアにささげられました。

さらに、この政策にとって不可欠なものは、威信ある帝国にふさわしい、荘厳な教会堂と、組織・信仰両面で統一ある教会の存在です。このため、一方では、外に向けて教会の権威を高めること、他方では、教会の内部統一を図ることが必要となりました。

まず、コンスタンティヌスは教会への恩典を惜しみませんでした。教職者は国家に対する強制的義務から免除され、日曜日の労働は禁止され、教会には遺産受贈権や裁判権が与えられました。そのうえ、コンスタンティノポリスをはじめローマ、エルサレム、ベツレヘムなどで荘厳な会堂が国庫負担で建てられたのです。

他方、教会の一致のために大帝は積極的にその内政に干渉しました。公同教会を手厚く保護し、分派とか異端の教会を厳しく処罰したのも一例です。ドナトゥス派に対しては、会堂の封鎖や教職者の追放、アリウス主義の異端に対してはニカイア公会議（三二五年）を召集して正統的な三位一体論の樹立を図りました。

この政策は後の皇帝に引き継がれ、テオドシウス帝（在位三七九〜三九五年）の時代に、公同教会は国家教会となります。キリスト教の異端は法律で処罰され、異教の神々へのいけにえは禁止されました。異教とキリスト教の立場は逆になったのです。

「一つの帝国、一つの教会」という政策がここに一応の完成を見たのですが、それはこれ以後の教会の歴史を長く支配することになります。

取りて読め

三八六年、ミラノ郊外のある庭園での光景です。心の葛藤に苦しむ一人の男に、子どもの歌声と思われる「取りて読め」が聞こえました。早速、彼は聖書を取り、開かれたローマ人への手紙一三章（最終部）のみことばを読み、涙とともに心の平安を得たのです。これが、アウグスティヌスの『告白』に記された有名な回心です。

このエピソードは、四世紀の地中海世界の各地で繰り返されたであろう多くの回心の典型です。詩的な表現をすれば、「取りて読め」も、当時の世界に教会が語りかけた神のことばの一つのこだま、と言えましょう。

事実、公同教会は帝国の宗教政策を決して受身的にとらえたのではありません。むしろ積極的に、新しい事態を福音宣教の絶好のチャンスと評価したのです。そして、異教徒に比べ、まだ少数派でしかない教会は、異教世界をキリスト教化するという新しい巨大な課題と取り組み始めました。

教会の取り組みはまず、みことばの宣教・説教・研究でした。

聖書のみことばは、好意的に耳を貸してくれるようになった人々にますます伝えられ、広く社会に浸透し始めました。そして、異教徒が競って教会の礼拝に出席するようになると、説教の重要性が増してきます。それでこれまでになく多くの名説教家が輩出される時代になったのです。

当代随一の名説教家は、「黄金の口」とたたえられたクリュソストモスです。アンティオキアで説教家また道徳の改革者として評判となり、後にコンスタンティノポリスの総主教に推されます（三九八年）。ある書物で、彼は当時の聴衆の説教に対する反応をこう記しました。「聴衆の沈黙は説教の不評を、手をたたいたり、相づちを打ったりすることは好評を意味するのだ」と。騒々しい礼拝の光景ですが、いかにも生きたみことばの響きを感じさせてくれる話です。

西方の代表的な説教家は、ミラノの主教アンブロシウスです。説教での妥協を一切許さない彼は、アリウス主義の異端を激しく退けています。また、テオドシウス帝がテサロニケ市民七千人を殺害した行為（三九〇年）をキリスト者にふさわしくないものと強く非難し、そのうえ、皇帝に陪餐を停止し悔い改めさせたのです。彼の説教に、求道中のアウグスティヌスは大きな感銘を受け、正統信仰に近づけられました。

聖書研究も盛んになりました。ニカイアおよびコンスタンティノポリス公会議（三八一年）で三位一体論が確立された背景には、教会の聖書研究の伝統があったのです。ニカイア信条の「御父と御子は同質（ホモウシオス）」という教えも、アリウス主義の「キリストが存在しなかった時があった」とする主張を異端として退けたことも、綿密な聖書研究の結論だったのです。

聖カテリーナ教会の中庭に立つ
ヒエロニムスの像（イスラエル）

ヒエロニムスはこの時代の代表的な聖書学者です。西方の出身でしたが、ギリシア教父について学び、ベツレヘムで長年隠遁生活をしながら、旧・新約聖書のラテン語訳を完成させました。西方教会の公用聖書となるウルガタ聖書は、後の教会に大きな影響を与えました。

このようなみことばの務めに加え、教会の慈善・病院・学校などの働きも、キリスト教の理念や習慣を社会に浸透させていくのに役立ちました。この傾向に反発し、異教文化の最後の復興を試みたのが背教者ユリアヌス帝（在位三六一～三六三年）でした。そのユリアヌスも、教会の慈善活動には感服し、それを国家政策に取り入れようとしたということです。彼が死に際して叫んだと言われる「ガリラヤ人、なんじは勝てり」は、キリスト教化が抵抗できないほどの勢いであったことを物語っています。

荒野に逃れよ

社会のキリスト教化はまた、信仰の世俗化を招きました。迫害のやんだ今、栄誉ある殉教はもうありません。そしてきらびやかな教会堂、貴族化した教職者、制度だけは大きくなった教会などに魅力を感じない人々が出てきました。「荒野に逃れよ」は、迫害を受けていたころの純粋で簡素な信仰生活への復帰を願う彼らの叫びです。

これまでエジプトの荒野などで禁欲主義的訓練をする隠遁者は多くいましたが、彼らを修道院制度に組織化するという動きがこのころ起きてきます。エジプトの隠遁者アントニオスやパコミオスは修道者の共同生活を創始し、後代の東方および西方教会に影響を及ぼしました。アタナシオスの作になる『アントニオス伝』（三五七年頃）の次の言葉は、四世紀の教会の生命のもう一つの、荒野での響きです。

「永遠に比べれば、われわれ人間の生の領域は、あまりにも短く、貧相である。」

賛美の声

「グレゴリウス聖歌」を編纂する
教皇グレゴリウス（1000年頃）

教会音楽が形を整え始めたのは四世紀と言われる。それまでの形式は斉唱賛美で、楽器も用いられなかった。四世紀の公認後、礼拝も荘厳化するなかで、答誦《とうしょう》・交誦《こうしょう》など新しい賛美形式がアンブロシウスのミラノ教会で試みられ、後代、グレゴリウス大教皇による教会音楽の確立の先取りとなった。

アウグスティヌスは、その『告白』の中で、ミラノ教会の賛美をこのように、神に述懐している。

「あなたの賛美歌や雅歌を聞き、あなたの教会で快く歌う声に耳を傾けながら、強く打たれて、何度涙を流したことだろう。……この歌と涙の中で、私は幸福に浸っていたわけである。」

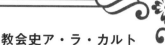

紀元五世紀――光と闇の間《はざま》の教会

「われわれの暗黒はわれわれを満足させなかった。そこであなたのほうに向き直ったのである。……そして見たまえ、われわれは以前は暗黒《やみ》であったが、今はしかし主のなかで光となっている。」

これは、五世紀の幕も開けようとする紀元四〇〇年に書かれたと言われるアウグスティヌスの『告白』からの一文です。暗黒の世に輝くキリスト教会の姿を、著者は自信に満ちて神に告白しています。ここには、「新しい賛美を歌う」四世紀の生き生きとした教会の余韻がまだ聞こえます。しかし明るい地中海世界にも、黒い雲が地平線に大きな姿を現していました。『告白』からほんの十年後の四一〇年、ローマはアラリックの率いる西ゴート族により攻略され、「永遠の都」は六日六晩にわたり異民族に踏みにじられたのです。文明世界の一大ショックであったこの事件を耳にして、アウグスティヌスは重いペンを執り、十数年の歳月を費やして大著を書き上げました。それが『神の国』です。ここに引用するその冒頭の言葉には、一抹の陰が映し出されています。

「この移り行く時の中にあっては『信仰により生きつつ』、栄光に満ちあふれる神の国は、不信の子らの間に寄留しているが……。」

五世紀のキリスト教会の姿を「光と闇との間の教会」としてとらえてみましょう。そこには、前の世紀に見られたような、まっしぐらに進む教会の姿はなく、前進とともにとまどいや混乱があるからです。

ローマは滅び

帝国にとって北辺のライン川とドナウ川の防衛線は、死活を決するほど大切なものでした。ディオクレティアヌスやコンスタンティヌス大帝のように強力な皇帝は、その防衛に万全を期しました。

しかし帝国の力が衰退するなかで、テオドシウス帝は異民族の侵入を防ぐので精一杯でした。そして五世紀に入ると、西ゴート、東ゴート、ヴァンダルなどのゲルマン諸部族や、中央アジアから移住してきた騎馬民族フン族の帝国侵入を防ぐ術《すべ》もなくなりました。その一原因は、テオドシウスの死（三九五年）が東方領域

アウグスティヌスの最古の肖像
（ローマ、ラテラノ大聖堂）

を長男のアルカディウス（在位三八三〜四〇八年）に、西方領域を次男のホノリウス（在位三九五〜四二三年）にと帝国を分割したことにあります。これが帝国全体の北方防衛を不可能にし、東と西の帝国に次第に別個の歩みをさせるに至らせたのです。

いわゆる東ローマ帝国（ビザンティン帝国とも言う）は、西ゴート族の侵入を帝都コンスタンティノポリスの城壁まで一時許しましたが、これを撃退しました。以後北方からの侵略を抑え、比較的安泰な紀元五世紀を送ります。その版図はバルカン半島、小アジア、シリア、パレスティナ、エジプトと広大でした。住民の大多数がすでにキリスト教徒であったこともあり、独特なキリスト教ビザンティン文化を発展させることになりました。

対照的なのは西ローマ帝国です。東方で撃退された西ゴート族は、ギリシアを侵略した後、イタリアに進み先述のローマ攻略（四一〇年）を果たし、さらにガリア（フランス）からスペインにかけて侵入し、西ゴート王国を建設。ヴァンダル族は、ガリア、スペイン、北アフリカと進み、ついに四五五年ローマを占領。フン族は、アッティラ王に率いられて四五一〜四五二年にかけてガリア、北イタリアに侵入（アッティラはローマ進攻を教皇レオ一世の説得により断念したと言われます）。そして東ゴート族は五世紀末に北イタリアを侵略して王国を建設。こうして、異民族の侵略により西ローマ帝国は寸断されます。そのうえ、実権はゲルマン民族出身の将軍と軍隊に握られました。そして四七六年、最後の皇帝ロムルス・アウグストゥルスが傭兵隊長オドアケルの反乱により退けられ、西ローマ帝国は実質的に滅亡します。

このように、世界を略奪して大帝国を築いたローマは、自ら略奪されることになりました。栄光と暗黒のコントラストです。

東方教会と西方教会

東と西の帝国の分離は、キリスト教会にも大きな影響を残しました。「聖なる公同の教会を信ず」という告白において一致していながら、東方教会と西方教会は次第に別個の歩みをし始めます。もっとも、両教会がこれまでにそれぞれ固有な伝統を築いてきたことも事実でした。

東方教会はギリシア語を用い、その信仰を表現するにも思弁的・哲学的傾向がありました。公式には正教（すなわち正統教会《オーソドックス》）と呼ばれることからもわかるように、信仰の正しさに対する態度は厳正なものがありました。古代教会の基本教理である三位一体論やキリスト二性一人格論も、ギリシア語を使って成立したものです。

前章で、コンスタンティノポリス公会議（三八一年）が、キリストの完全な神性を「御父と同質（ホモウシオス）」と

アッティラ王のレリーフ
（16世紀制作）

いう言葉で認め、キリストを被造物と見なしたアリウス主義を退けたことを見ました。しかしこれで一件落着とはいきませんでした。キリストの神性と受肉の人性との関係という大問題が残ったからです。三位一体論はこうしてキリスト論論争へと発展していきました。

論争の発端は母マリアの称号で、これをめぐって二つの立場が対立しました。

一方では、キリストの神性を重視する立場で、神性が人性を吸収して両者の完全な結合にまで聖化したと考える人々がいました。そしてマリアを「神をみごもった者」「神の母」と呼ぶことを主張しました。この立場を極端に発展させたのがエウテュケスで、キリストの人性と私たちの人性とは本質的に異なり、キリストは完全な人性をもたなかったと単性論を説きました。

他方では、受肉の意義を重視する立場で、人性を神性からできるだけ区別する人々がいました。そしてマリアを「人性における母」とは認めましたが、「神の母」の称号には抵抗を感じました。ネストリウスはこの立場を極端に押し進めて、二性を区別するあまり、キリストのうちに別個の神格と人格の存在を認め、二性二人格の誤りに陥ったのです。

この対立に決着を見たのがカルケドン公会議（四五一年）でした。それは、東方教会の六百名近い指導者や神学者が集まった大会議でした。二つの立場が互いに譲らず激論を戦わせていた際、西方教会のローマ教皇レオの書簡が朗読されました。対立する立場の両極端を退け、中庸の立場を主張したこの書簡が、「聖ペテロの声」として一同に受け入れられ、ようやく決着を見たのです。

この会議では、キリストの二性一人格論とマリアの称号「神の母」が受理されました。さらに、神性と人性との結合が「混ざることなく、変わることなく、分けられることもできず、離すこともできぬ」という四つの否定語によって説明されました。これが有名な「カルケドン信条」で、東方と西方の教会が共通に受け入れる基本公同信条の一つです。もちろん、エウテュケスとネストリウスの立場は異端として退けられました。

西方教会に目を転じてみましょう。

西方教会の公用語はラテン語で、ヒエロニムスがラテン語に翻訳したウルガタ聖書も広く用いられ始めました。テルトゥリアヌス以来、この教会の信仰は実践的・倫理的傾向を強くもっていました。思弁的・哲学的な東方教会の関心に比べて、信仰・聖さ・権威など実践的問題に関心があったからです。

この傾向をさらに一歩進めて、人間や救いの理解を信仰の中心に置いたのが、西方教会最大の神学者アウグスティヌスでした。彼は、これ以後の西方教会の信仰や神学を決定的に特徴づけました。

「あなたが命ずるままに、与えたまいますように。また、あなたが欲するままに、命じたまいますように。」

これは、アウグスティヌスの『告白』の中にある神への祈りの一文です。

イギリス出身の修道僧ペラギウスは、この文章が教会で朗読されたのを聞き、アウグスティヌスを攻撃し始めました。彼は、人間は神の恩恵がなくても、自分の力で救いを達成できると信じていました。それゆえ、人間の能力を少しも認めないこの祈りが真実ならば、キリスト教は道徳宗教であり得ないと考えたのです。

問題の焦点は、救いにおける神の恩恵の影響と人間の能力との関係です。アウグスティヌスは、四一〇年から没する四三〇年までペラギウス論争と取り組み、多くの著作を残しました。ペラギウスの自力救済説は西方教会では正式に退けられましたが、この論争が提起した問題は、中世のカトリック教会、また宗教改革により誕生したプロテスタント教会も取り組まなければならないものでした。

荒れ狂う黒い嵐

五世紀のローマ帝国に関するかぎり、安泰な東ローマ帝国と滅亡を迎えた西ローマ帝国との明暗のコントラストは鮮明です。しかし教会について見るとき、同じ状況が東方教会と西方教会とに該当したとは言えませんでした。安泰な東方教会に暗雲が、逆境の西方教会に光明が見出されたのです。これも、教会の歴史に見る論理の逆転の一つでしょうか。

東方教会は東ローマ皇帝の強力な支配の下に置かれました。皇帝は「教会の元首」として、全般的な権限を行使しました。ちなみに、カルケドン会議を召集し執行させたのは皇帝マルキアヌスでした。こうして皇帝が教会の霊的権威者（西方で言う教皇）の地位をも兼ねるため、「皇帝教皇主義」と呼ばれる制度が定着しました。これが、東方教会における教会と国家との関係の基本型となるのです。

この制度の最大の難点は、皇帝が常に正統信仰の持ち主で、福音に忠実な者であるという保証がないということです。事実、しばしばこの点で教会の危機が訪れました。四世紀にはアタナシオスの例があります。彼は、五十年にわたりニカイア正統主義を守り、アリウス主義を退けることに生涯をささげたチャンピオンでした。その彼が、コンスタンティヌス大帝やアリウス主義者のコンスタンティウス帝など、四人の皇帝からなんと五回も主教の座から追放される憂き目に遭ったのです。

五世紀初めにおける悲しむべき例は、帝都コンスタンティノポリスの総主教で東方教会が生んだ最高の説教家クリュソストモスでした。修道僧出身で厳格主義であった彼は、皇宮の不道徳を攻撃したため、アルカディウス帝の妃エウドクシアの不興を買ってしまいました。そのうえ、キリスト論で対立の立場にあったアレクサンドリアの総主教テオフィロスの策謀に遭って、教会会議で無実の「オリゲネスの異端」と断定され、皇帝から二度流罪に処せられたのです。灼熱の太陽の下を帽子もなく、裸足で砂地を歩かされ、二度目の流罪で目的地へ向かう途中、彼は没します（四〇七年）。

流罪の身のクリュソストモスが、彼の信奉者の一人で、彼の追放後激しい迫害を受けていた女執事オリンピアスに送った慰めの手紙の次の一文は、悲痛そのものです。

「あなたはなぜ悲しみ、落胆するのか。それは、教会を捕らえている荒れ狂う黒い嵐が、月のない夜のように暗黒の中にすべてを包み込み、そして日増しに勢いを増しながら、恐ろしい難船や世界の破滅をもたらそうとしているからであろうか。」

キリスト教の時代

逆に、西ローマ帝国の弱体化と滅亡は西方教会の強化につながりました。確かに、異民族の侵入は教会にも混乱状況を招きました。しかし新しい状況は同時に、教会の宣教にとって、また四世紀から急速に進んだ異教社会のキリスト教化にとって大きなチャレンジとなったのです。アウグスティヌスがしばしば用いた言葉、「キリスト教の時代（クリスティアナ・テンポラ）」の理想

クリュソストモス
（コンスタンティノポリス、聖ソフィア大聖堂のモザイク画）

です。

西方領域に侵入・定着した西ゴート、東ゴート、ヴァンダル、ランコバルドなどのゲルマン諸部族は異教徒ではなく、西方教会にとっては異端のアリウス主義者でした。それで彼らの正統信仰への改宗が教会の宣教課題となりました。

突破口は、今日のフランスの基礎を築いたと言われるフランク族の王クローヴィス（在位四八一～五一一年）の回心でした。四九六年、彼は多くの貴族とともにランスの主教から三位一体の神の名により受洗しました。これを契機に、次の六世紀にはヴァンダル、西ゴート、東ゴートの部族が次々と改宗し、七世紀中期までにアリウス主義は西方では消滅します。西方教会の信仰と生活が勝利したのです。

さらに、東方教会が皇帝の支配に服する間に、西方教会はローマ教皇を中心として国家権力から比較的自由な、しかも対等の勢力へと成長し始めます。フン族のアッティラと教皇レオ一世が単独会見をし、ローマを救ったことは、西方教会の自信のほどを示しています。社会のキリスト教化と宣教の働きを通して、西方世界に「キリスト教の時代」「キリスト教社会」を生み出していく中世の基礎が、次第に築かれていったのでした。

教会史ア・ラ・カルト

信仰告白

四、五世紀は、大信条が多く生み出された時代であり、また教会が信仰告白に生命をかけた時代であった。アレクサンドリアの主教アタナシオス（カット）がニカイア信条の「ホモウシオス（同質）」を生涯をかけて守ったことからわかるように、信仰告白は厳粛な証しであった。ギリシア語の一文字、イオータを加えた「ホモイウシオス（似た本質）」は断固退けられたのである。

「我らは……光より出でたる光、真の神より出でたる真の神……を信ず。」

ニカイア信条（三二五年）とコンスタンティノポリス信条（三八一年）に共通するキリストへの告白である。「光より出でたる光」という告白が、どのような輝きをもっていたのであろうか。

紀元六世紀——新しい秩序を探る教会

紀元五〇〇年から一五〇〇年まで、キリスト教会の歴史の約半分を占める千年間が、一般に中世と呼ばれます。もっとも、厳密には東方教会には中世はありません。一四五三年にコンスタンティノポリスがトルコ軍に落とされて東ローマ帝国が滅亡するまで、東方教会では古代の伝統が延々と続くのです。ですから、中世という名称はおもに西方教会にあてはめられるものです。

前章までに、キリスト教会の最初の五百年の歴史を「十字架の勝利」ととらえてきました。紀元四〇〇年までにキリスト教が、世界最強のローマ帝国の公式宗教になっていたからです。しかしこの大帝国も、四七六年の西ローマ帝国の滅亡に象徴される内部のもろさと、ゲルマン諸部族という外部からの圧力により、次第に衰退の一途をたどったのでした。

紀元六世紀は、ひところまで「暗黒時代」と呼ばれる中世の入口にあたる時代です。確かに教会の歴史にとっても、中世前半の五百年間は「最も暗い時代」と言えます。六世紀から十世紀まで、異民族の侵入などにより、教会は実質的な包囲状態に置かれました。また次の七世紀からは戦闘的なイスラム教勢力に攻撃され始めます。さらに、オリゲネス、アンブロシウス、アウグスティヌスなどのような傑出した器が、この期間、教会に出ることもありませんでした。栄光の古代教会からの後退現象が教会全般にわたって見られたのです。

しかしながら、帝国の衰退と教会の後退という背景の中ではありましたが、六世紀を迎えた教会には、新しい状況に対応する積極的な姿勢もうかがえます。とりわけそれは、キリスト教社会の形成、修道院制度と宣教活動、（西方教会の）教皇制度に顕著に見られます。そこで、六世紀の教会を「新しい秩序を探る教会」ととらえてみましょう。

ユスティニアヌス法典

東西両ローマ帝国の政治的統一を再現し、帝国の衰退に歯止めをかけること。また、次第に別個の歩みをするようになった東方と西方の両教会を近づけ、帝国の宗教的再統一を図ること。これらが東ローマ皇帝ユスティニアヌス大帝（在位五二七〜五六五年）の理想でした。彼の治世に、一時、昔日のローマの威光が復活したかとさえ見えました。

有能な将軍に恵まれたユスティニアヌスは、東方では宿敵ペルシアと和平を結び、西方での失地回復を目ざして北アフリカからヴァンダル族、イタリアから東ゴート族、スペインから西ゴート族をそれぞれ追い払いました。東ローマ帝国の皇帝が、西方領土における主権を再確認したのです。

しかし、このような西方偏重の大統治政策による政治的・軍事的統一は、結局、時代に逆行するもので長続きはしませんでした。財政は苦しくなり、重税にあえぐ民衆の心は離反し、後に、おひざもとの東方領土においてすらペルシア軍やスラブ族などの侵入を招いてしまいました。

宗教的統一に対しても、大帝は異常なほどの熱意を示しました。その一つの表れは聖ソフィア大聖堂の再建（五三七年）です。コンスタンティヌス帝の建立になる聖堂が焼失した際、四十日も経たずして再建に取りかかりました。一万人の職人を動員し、大帝自ら工事の陣頭指揮をとり、何と五か年あまりという短期間で再建したのです。ビザンティン文化の粋を集め、今日もその面影を残す大聖堂（イスタンブールにある）は、大帝にとって帝国の宗教的統一のシンボルだったことでしょう。

また、大帝の宗教政策は、皇帝が教会の元首となる皇帝教皇主義に徹底していたため、宗教論争にもしばしば強引に介入して政治的決着を図ることがありました。

たとえば、キリスト単性論の問題がありました。これは、

現在の聖ソフィア大聖堂。四周の尖塔は、後にイスラム教のモスクとして追加された。

キリストの人格が受肉以前は神性と人性という区別され得る二性から成っていたが、受肉後は人性が神性に融合・摂取されて単一の性となると主張する立場で、カルケドン信条が否定したものです。しかし東方教会には根強い支持があり、皇后テオドラも有力な支持者でした。大帝自身は厳正なカルケドン正統主義者でしたが、宗教政策上の必要を個人の確信に優先させ、正統主義者と単性論者との融和政策を打ち出しました。それでコンスタンティノポリスに召集した教会公会議（第五回、五五三年）では、カルケドン信条を正面切って批判することはせず、しかし、単性論を攻撃した正統主義者を異端とする矛盾を犯したのです。西方教会は単性論に強く反対しましたが、それも空《むな》しく、教皇ヴィギリウスはローマより帝都に召喚され、公会議の決定の受理を強制されたのでした。

ユスティニアヌス大帝
（サン・ヴィターレ聖堂のモザイク画、イタリア）

大帝の理想を象徴的に表現したのが「ユスティニアヌス法典」として知られる『ローマ法大全』です。これは、従来の諸法典を増補・改訂したもので、長い伝統をもつローマ法の集大成として五二九年発布されました。また、コンスタンティヌス帝以来の「一つの帝国、一つの教会」政策の法律上の決着でもあり、政治と宗教の両面からキリスト教社会の秩序づけを図った基本法です。

この法典の最大の特徴は、皇帝の権力が文化・思想・宗教一般をはじめ、キリスト教会をも支配するという理念にあります。このため、無神論・偶像崇拝は禁止され、それを信奉する者、さらにユダヤ人は迫害の対象となりました。この点と関連して、法典の発布と同じ五二九年にユスティニアヌスが、ギリシア哲学の一千年近い伝統を誇るアテネの哲学院（アカデメイア）を閉鎖したことは象徴的でした。学生がいなかったことも実情なのですが、この閉鎖は、キリスト教社会における非キリスト教哲学の独自の立場を否定したものでした。

キリスト教徒に関しては、三位一体論に反対すること、分派主義のドナトゥス派が行ったような再洗礼は、社会秩序を乱す大罪と見なされました。約千年も後の十六世紀に、反三位一体論者セルヴェトゥスが処刑されたのも、また幼児洗礼を否定して成人洗礼を実行した再洗礼派《アナバプテスト》が迫害を受けたのも、この法典によったのです。

「天国の門」と「天使たち」

キリスト教社会の霊的秩序づくりの役割を担ったのが修道院でした。本来、隠遁者たちが組織化され誕生した修道院は、厳しい個人的・霊的訓練の場として厭世的で彼岸（天国）志向の強いところでした。しかし四世紀ごろから、教会全般に対する修道院の影響力が増してきます。多くの信者たちが修道院を「天国の門」と見なし、そこから信仰を学ぶようになりました。そして当然、教会の枠の中に修道生活を位置づける必要が生じてきました。

東方教会では、すでに四世紀にバシレイオスの修道士規定がつくられ、制度の確立を見たのですが、修道院本来の傾向を強く残したものでした。しかし六世紀の西方教会には、この傾向に加えて、修道院の地上での役割にも注目した新しい発展がありました。ベネディクトゥスによる修道会則がそれです。

ローマで哲学と法律を学んだベネディクトゥスは、いわば天を見上げつつも、地上に足をしっかり据えた修道生活を理想とし、ローマとナポリの中間に位置するモンテ・カッシーノに修道院を建てました（五二九年）。彼は、祈り・労働・学びを中心とした規則的な共同生活を尊び、特に教会と修道会に対する服従を重視しました。そのうえ、極端に禁欲的な修行を退け、財産の共有をも認めたので、修道院の外に向かっての愛の奉仕活動にも道を開いたのです。さらに、修道院が学問や教育のセンターとしての性格をもってきました。修道僧たちの気の遠くなるような筆写の努力がなかったなら、古典文化・聖書・教会教父の著作は、今日まで伝えられることがなかったかもしれません。

このころ、異教民族の改宗と異教社会のキリスト教化という大課題に直面していた西方教会にとって、修道院制度はそれこそ「渡りに船」でした。修道院が教会の宣教活動の主役となったわけです。

宣教活動の中心地の一つはアイルランドでした。前の五世紀に「アイルランド人への使徒」と呼ばれたパトリキウスが教会と修道院をすでに組織していました。六世紀には、コルンバがスコットランドに、コルンバヌスがフランスにというように、無数の「さまよえる修道僧」がアイルランドからヨーロッパ各地に宣教師として派遣されました。その一人、コールマンはにわとりとねずみと蚊といっしょに生活したと言われます。にわとりは彼に夜明けを知らせ、ねずみは彼の耳をかじって昼の祈りの時を知らせ、蚊は彼が読みかけた聖書の上で、ブックマークの役を果たしたのです。

もう一つの中心地はイタリアで、ベネディクトゥスの流れを汲む修道院でした。中でも特筆すべきは、五九六年にグレゴリウス一世（大教皇）がアウグスティヌスと四十人の修道僧をイギリスに派遣したことです。このアウグスティヌスは、修道院長で後にカンタベリーの大主教となった人で、先のアウグスティヌスとは別人です。彼はイギリスにローマ型の教会組織とベネディクトゥス型の修道院制度を導入しました。

アウグスティヌス派遣のきっかけには有名なエピソードがあります。たまたま、グレゴリウスはローマの奴隷市場で、あどけない聡明な少年たちを見かけました。供の者に彼らの出身地を問うたところ、その答えは、「アングリ」。すなわちアングル人の土地（イングランド）出身でした。「いや、アングリではない。アンゲリ（天使たち）だ」と、心を動かされたグレゴリウスは、イギリス宣教を思い立ったということです。この事件から百年足らずで、イギリスは改宗し、ほとんどキリスト教化されました。

グレゴリウス大教皇

ユスティニアヌス大帝の西方政策の失敗後、西方領土に対する東ローマ帝国の関心は再び薄らぎました。事実、気を配るほどの余裕もなかったのです。このような不確定な状況の中で、西方教会を強固なものにして新秩序をつくろうと考えたグレゴリウス大教皇（在位五九〇〜六〇四年）が登場します。

グレゴリウスはローマの大貴族の出身でしたが、全財産を投げ出して貧民救済をし、七つの修道院を建て、自ら修道生活に飛び込みました。彼の傑出した才能は認められ、教皇特使としてコンスタンティノポリスの皇帝のもとに派遣されます。そこで、彼は衰退の一途にある東ローマ帝国の実情と、帝国と東方教会との関係の問題をつぶさに見たのです。

グレゴリウスはたった十四年間しか教皇の座にいませんでしたが、その後一千年間の中世カトリック教会の基礎を築きました。それでアンブロシウス、アウグスティヌス、ヒエロニムスと並んで、西方教会の「四大教会博士」の一人と称されています。

まず、グレゴリウスは教会の権威をもって、混乱していたイタリア半島を結束させました。本来皇帝の権限に属する知事の任命など行政問題に、さらに軍事問題にも関与しました。教皇が霊的権力のみならず、俗的権力を主張するきっかけをつくったのです。そして北イタリアからアルプスを越えてフランスやスペインの教会にも影響力を広げ、西方教会の盟主としての地位を確立しました。また教会の教職制の確立にも貢献しました。各教区の司祭から段階的に上って、主教、大主教、そして頂点の教皇に至るピラミッド型の階層《ヒエラルキー》を教会と見なした教皇制度を築いたのです。しかしこの新しい秩序には、一般の信仰者の占める地位はありませんでした。

信仰面でもグレゴリウスの功績は大きいものがありました。前章で触れたアウグスティヌスの「ただ恵みのみ、信仰のみ」とする立場は再解釈されて、中世に伝えられました。グレゴリウスによれば、神の恵みといっしょに働く人間の努力・業績・善行が救いにとって不可欠でした。そして、教会の定めた善行を積むことが奨励されました。十分善行を積めず天国に入れない魂が待つ場所があるとし、煉獄《れんごく》の教えを説いたのもこのグレゴリウスです。

グレゴリウス大教皇
(10世紀の写本挿絵)

そのほか、彼はミサの教理を発展させたり、ローマに音楽学校をつくり「グレゴリオ聖歌」の語源となったりし、また教会の実践的改革もしています。教皇は「神の下僕たちの中の下僕」であると言った彼は、敬虔な生涯を貫きました。その名声は、死の直後に聖人に叙せられたことからもうかがうことができます。

以上、六世紀に形を整え始めた新しい秩序を、法的・霊的・教会的の三面から概観しました。この秩序の「新しさ」は、キリスト教会が誕生した紀元一世紀の教会の「新しさ」とは、かなり掛け離れたものでした。

五百年の歳月がその間にすでに経過していました。コンスタンティヌス帝のキリスト教公認以来、国家権力に対する教会のあり方が問われてきました。また信仰者が聖書からではなく、修道院から学び、聖人崇拝や迷信を教会に招いてしまいました。そして、西方の中世に大きく台頭する教皇制度は、キリストや使徒たちの描いた教会のイメージから掛け離れてしまいました。

いずれにしろ、教会は中世一千年の長い歩みの第一歩を刻したのです。

ベネディクトゥス

修道院生活

ベネディクトゥスの「修道会則」に見る一日は、およそ現代人に縁遠い。

午前二時、起床。五時まで祈りと瞑想。五~九時、学習（おもに聖書や教父）。九時十五分~正午、畑での労働。正午に一回きりの食事（メニュー、おかず二品、パン、果物か野菜、少量のぶどう酒）。食後一時間の昼寝。その後四時まで畑仕事。六時三十分就眠！

「会則」には、就眠前、ベッドでの瞑想と聖書朗読に言及がある。しかし、旧約の列王記からだけは朗読が禁止された。その理由は、「列王記が、そのような時間に、弱い知能には不向きだから」とある。

一日の修業に疲れはて、コックリする修道僧の姿が心に浮かんでくる。

紀元七世紀――後退、前進する教会

西方教会で言う「中世」一千年の第一歩を刻した紀元六世紀の教会を、「新しい秩序を探る教会」と見ました。そして、この秩序は一朝一夕に確立されたのではなく、幾世紀もの歳月を要したのでした。

この七世紀は、一見、新秩序確立に向けて順調なスタートを切ったかに見えました。たとえば、世紀の幕がまさに明けようとする紀元六〇〇年には、この時代が生んだ最大の神学者で有能な教会の指導者イシドルス（六三六年没）がスペインのセビリアの大主教に就任しました。正統信仰の拡張、異教徒とユダヤ人の改宗、修道院制度の発展、キリスト教信仰に基づく学問の進歩などのために、彼は残りの生涯をささげる決意をそのとき新たにしました。

ところが、イシドルスの楽観的な見通しに反し、七世紀の教会の前進を阻むかのように、思いがけない後退を余儀なくされたのです。それは、イスラム教の台頭によってキリスト教が勢力範囲の約半分を失ったことによります。ローマ帝国の迫害にもゲルマン諸部族の侵入にも耐えて前進し続けた教会が経験した大敗北です。

他方、教会にとって救いもありました。イスラム教への大きなマイナスを帳消しにするかのように、ヨーロッパ中心部の異教徒の改宗が軌道に乗ったのです。ゆっくりとしたものではありましたが、確かに前進でした。もちろん、そこで教会は障害に直面しました。異教の文化・社会・宗教・習慣などがキリスト教化される過程で直面する障害です。

ではこれから、七世紀の教会を「後退、前進する教会」ととらえてみましょう。そして、その険しい道のりを概観し、そこに潜む問題を探ってみましょう。

「ほかの福音」

使徒パウロは、ガラテヤ教会に潜入し教会を危機に陥れた異端を表現して、「ほかの福音といっても、もう一つ別に福音があるわけではありません。あなたがたを動揺させて、キリストの福音を変えてしまおうとする者たちがいるだけです」(ガラテヤ一・七、傍点著者)と警告を発しました。イスラム教は、キリスト教が直面した「ほかの福音」のうち最も強力なものの一つでした。

ご存じのように、イスラム教の開祖はムハンマド(六三二年没)、その教典はコーランです。その教えはアラビアの古い宗教に加え、ユダヤ教とキリスト教の強い影響を受けていました。「イスラム」という言葉が(神の意志への)「服従」を意味することから、教えの第一の特徴は、唯一神《アッラー》の超越性とその意志の絶対性にあります。第二の特徴は、ムハンマドを最終的で最高の預言者、アッラーの意志の啓示者とすることです。

イスラム教が「ほかの福音」として、キリスト教にとっていかに挑戦的なものであったかは一目瞭然です。イスラム教はまず、キリスト教の三位一体論が三神教、すなわち偶像崇拝であるとし、唯一神教を捨てた結果であると攻撃しました。さらに、イエスを預言者の一人と見たのですが、超越神が御子をもつとか、神が受肉するなどは絶対にあり得ないとして、イエスの神性を強く否定しました。このように神の超越性は主張したのですが、その神が人間の世界と深く関わるという内在性を原則として否定したのです。そして当然、イスラム教徒にとって、超越的な神であられた方が人となり、私たち人間の罪の身代わりとして十字架で死なれたという十字架の福音は、まさにのろわれるべき教えだったわけです。

メッカの中心部にあるイスラム教寺院
（マスジド・ハラーム）

七世紀の初め、東ローマ帝国は北と東の双方から侵略を受け、苦境に立っていました。北からドナウ川を越え、バルカン半島に侵入したスラブ族と、東方からしばしば帝都をうかがう宿敵ペルシア帝国です。しかし南のアラビア半島を統一し、戦闘的なイスラム精神をもつアラビア人の台頭は、ローマ帝国にとって思いがけないことでした。この南方からの攻撃に帝国はその弱体ぶりをさらけ出しました。

六三五年ダマスコ。六三八年エルサレムとアンティオキア。六四一年アレクサンドリア。キリスト教の中心地は次々とイスラム勢力の手に落ちました。わずか数十年の間に、ローマ帝国は小アジア、シリア、パレスティナ、エジプト、北アフリカの諸州を失ってしまいました。帝都コンスタンティノポリスは二度にわたる包囲をもちこたえ、かろうじて命運を保ったのでした。さらに、北アフリカを制圧したイスラム勢力は、八世紀の初めにはジブラルタル海峡を渡りスペインに侵入し、ピレネー山脈を越えてフランク王国をうかがうほどの勢いでした。

イスラム教のシンボルは三日月です。ちょうど、その一端を小アジアに置き、シリア、パレスティナ、エジプト、北アフリカと伸び、もう一つの端をスペインに置く大きな三日月を想像してみてください。この三日月は、残されたキリスト教世界を東と南と西の三方から包囲するように、また満月にまで満ちてそれを呑み込むかのように見えました。キリスト教にとっては、まさに存亡のかかった危機的情況でした。

イスラム教進出による最大の被害者は東方教会でした。その失われた地は再び回復できないものとなりました。イスラム教支配者の下に置かれた教会には、イスラム教社会の中で細々《ほそぼそ》とその命運を保つか、あるいはその社会に同化されて次第に消滅するか、いずれかの道しかありませんでした。とりわけ、北アフリカではキリスト教は急速に消滅していきました。そのため、あのアウグスティヌスが説教をしたヒッポの大聖堂も今日廃墟と化していきます。イスラム教にひとたび支配された地で、キリストの福音を再度聞くことは今日でも極めて困難です。

北方民族の改宗

教会史家ローランド・ペイントンはイスラム教の地理的進展を三日月と見なし、それに対するキリスト教の地理的広がりを十字架で表現しました。右のカットにも見られるように、イギリス、アイルランドを十字架の頭部に、フランク王国をその中央部、イタリア半島をその脚部、そしてドイツを中央部から右に伸びる部分などと見立てています。十字架と三日月の大きなコントラストです。

三方向よりイスラム勢力の圧迫を受けたキリスト教は北方に進展し、ヨーロッパ中心部の改宗に活路を見出しました。そして、この進展を積極的に担ったのが西方教会、とりわけローマ教皇を中心としたカトリック教会でした。六世紀にはフランク王国の改宗が大きく進みました。そし

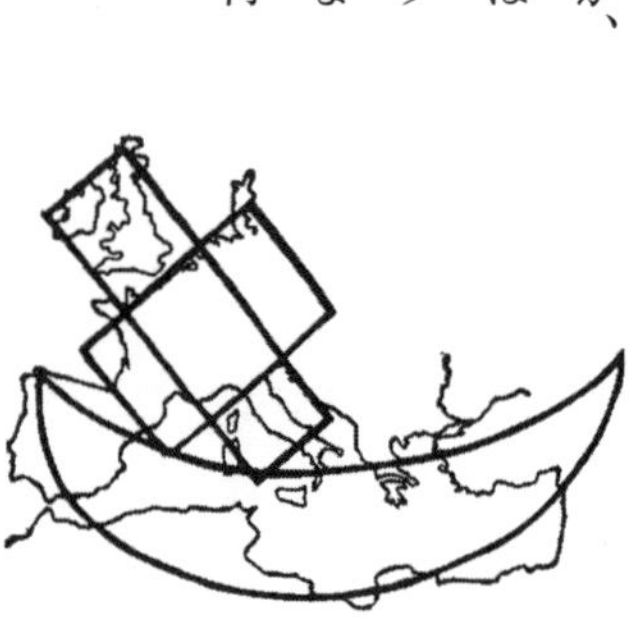

十字架と三日月
(Bainton, *The Church of Our Fathers*)

て続いて七世紀にはイギリス、八世紀にはドイツのカトリック教会への改宗が、西方教会に新しい生命を吹き込むことになります。

イギリスには、ローマ帝国の属州でブリタニアと呼ばれていた時代（二世紀）からケルト人の教会が設立されていました。しかし五世紀に異教徒アングロ・サクソン人がヨーロッパ大陸から侵入し、ケルト人を西部（ウェールズ）に追い込めてしまいました。七世紀におけるイギリスの改宗とは、このアングロ・サクソン人の改宗のことでした。これに関しては、ベーダの『イングランド教会史』（通称『イギリス教会史』七三一年頃）が詳細な情報を提供しています。

アングロ・サクソン人への宣教は二つの方向から行われました。一つはケルト人の修道院から、もう一つはローマからです。もちろん、ほとんどの宣教師は修道僧でした。

ケルト人の教会は、宣教の情熱に燃えた教会でした。五世紀には、「アイルランド人への使徒」と呼ばれたパトリキウスが、ウェールズからアイルランドに布教しました。六世紀には、アイルランドの教会がブリタニア北部のスコットランドに宣教師を送りました。そして七世紀には、スコットランドの修道院から、「さまよえる聖人」と人々から呼ばれた多くの修道僧がアングロ・サクソン人の改宗のため南下しました。

改宗の大きなきっかけとなったのは、ノーサンブリアの王オズワルドでした。彼は王子だったとき、亡命中のスコットランドで修道僧より信仰に導かれました。帰国後、国王となったオズワルドは異教徒との戦いに臨み、木の十字架を建て、次のように言ったと『イングランド教会史』は伝えます。

「私たち皆は膝を屈し、生きた真の全能の神がその慈悲によって、高慢・不遜な敵から私たちを護《まも》ってくださるように共に祈ろうではないか。」

この六三五年の戦勝により、オズワルドはキリスト教を積極的に取り入れることを決意しました。スコットランドからアイダンを招き、北海に面したリンディスファーン島に修道院を建てました。いわば「宣教本部」とも言える修道院で、アイダンは厳選した十二人の青年に、将来アングロ・サクソン人の教会の指導者になるための教育を授けたと言われます。もちろん、選んだ青年の数は、キリストの十二使徒に由来していました。

ローマ教皇も遅れを取らじ、とイギリスの改宗に積極的でした。グレゴリウス大教皇の派遣したアウグスティヌスと四十名のベネディクトゥス会修道僧の働きは、大きな影響を及ぼしました。それで南部のアングロ・サクソン人の間にキリスト教は広まっていきました。

アングロ・サクソン人の改宗が進むにつれ、混乱も出てきました。北部ノーサンブリアのケルト型、南部のローマ型のキリスト教間の習慣上の差による混乱でした。たとえば、修道僧の頭の剃《そ》り方です。ケルト教会では、古い習慣に従い、前後左右から剃り上げ、頭頂に髪のふさを残しました。他方ローマ教会の習慣では、頭頂から剃り下ろし、キリストの茨の冠に倣《なら》って、耳の上部に環のように髪を残しました。剃髪《ていはつ》の差などはユーモラスなのですが、もっと深刻な家庭問題にまで発展したのが、復活節の日取りでした。事はノーサンブリア王オズウィの宮殿で起きました。王がケルト教会の習慣に従い、断食期《レント》を終え復活節を祝っていたところ、女王のエアンフレッドは南部出身のため、ローマ教会の習慣に従い、まだ断食の最中だったのです。復活節論争に決着をつけるため、オズウィは六六四年、ホイットビーの修道院に会議を召集し、両教会の代表を招きました。両代表とも自説を主張したのですが、軍配はローマ教会に上がりました。「祝福された使徒ペテロとパウロが生活し、教え、迫害を受け、葬られたローマ」の教会の権威と、キリストから天国の門の鍵を預かったとされるペテロ（マタイ一六・一八）の権威に訴えたからでした。これより、オズウィは信仰と文化をローマ教会から学ぶこととしました。

アイダンが建てたリンディスファーン修道院の廃墟

　こうして、イギリスの教会の形成にローマの影響が次第に大きくなっていきました。

王と主教と聖人と

地中海文化の代弁者としての地位を築き上げた西方教会は、ローマ教皇の指導のもとに、地中海のキリスト教からヨーロッパのキリスト教へと発展していきました。そして未開の森や野が教会の新しい活動舞台となりました。登場人物も古代教会の華やかさはなく、粗野な諸王、開拓期の教会を支える主教、そして迷信深い民衆の尊敬の的である聖人でした。

諸王の行動は荒々しい「力の論理」に基づき、暴力・犯罪・残忍な行為が横行していました。六世紀末キリスト教が浸透したフランク王国で、対立する二人の女王をめぐって残忍な殺し合いが演じられたことを、トゥールの主教グレゴリウスは『フランク史』で生々しく描写しています。

七世紀のイギリスも同様でした。『イングランド教会史』は、キリスト教に改宗した二人の王の悲しい物語を伝えています。六四二年、先述のオズウィはライバル王のオズウィンを残忍な方法で殺しました。オズウィンの信仰上の教師で聖人とあがめられたアイダンも、あまりの悲しみのため、十日ほど後に召されてしまいました。殺し、殺された両王の魂の救済を祈願するため、後に修道院が建てられました。力の論理と「あなたの敵を愛せよ」というキリストの教え、いつの時代にも教会が悩む課題です。

荒々しい王と無知な民衆をキリスト教の精神で教育する務めが、教会にゆだねられました。従来、教育機関としては、王族や官吏養成のための宮廷付学校と閉鎖的な修道院がありました。しかし北方民族の改宗に伴い、新しいタイプの学校が必要となりました。これが主教の大聖堂付の学校です。そこでは、教職者の養成とともに、不十分でしたが民衆の教育も行われました。霊的訓練と一般学業の統合を図るユニークなもので、中世後期に誕生する「大学」の草分けです。スペインのセビリャ主教イシドルスの著作、当時の百科辞典と言える『語源論』や、キリスト教教理をまとめた『命題集』もそこで用いられ始めました。

何と言っても、民衆に信仰を鮮明に印象づけたのは修道僧、とりわけ聖人でした。聖人伝が民衆の文学となりましたが、そこでは、聖人にまつわる奇跡・偉業・聖遺物が氾濫しています。先に述べたオズワルドの戦勝の十字架も、その裂片が病気の特効薬と珍重され、またその場所が巡礼を集める聖地となりました。

暗い時代に民衆が聖人に徳の光を見出し、迷信に救いを求めたのは当然とも言えます。しかし教会の教えが聖書から離れて、そのような民衆の宗教に影響されることは危険です。キリスト教を偶像崇拝と決めつけたイスラム教のチャレンジの厳しさが、まさにここにあったのです。

アクセサリー

大英博物館の資料は、七世紀の装飾品の流行に変動が起きたと告げている。

異教徒のアングロ・サクソン人の間に従来用いられたブローチに代わり、ネックレスとペンダントが流行した。カットは金とざくろ石製のペンダント。キリスト者が用いたものも多く発見されている。

この流行の変動は、墓に納められた副葬品から割り出されたのであるが、教会は副葬品の埋葬を異教の習慣として重ねて禁止した。その結果、七世紀末までには、イギリスでもヨーロッパ大陸でもこの習慣は消滅した。当時の教会が異教習慣に勝利した一例である。

しかしその教会も女性のアクセサリーの使用までは、「異教的！」とすぐには禁止できなかったようである。

紀元八世紀――流転の世界と教会

「万物は流転《るてん》する。」

これは古代ギリシアの哲学者の言葉です。キリスト教の主張とは異なるのですが、永遠・不変なものなど何一つなく、すべてが定めなく、移り変わるとする立場です。

紀元八世紀のキリスト教会が直面したのは、まさに流転の世界でした。「暗黒時代」の表現どおり、意味のない流転の世界が人間を無知・迷信・不安・無秩序の中に閉じ込めていました。先に、七世紀の教会がイスラム教の台頭によって後退を余儀なくされたこと、逆に、ヨーロッパ中心部への宣教により前進し始めたことを見ました。続く八世紀の教会の課題は、福音の永遠・不変な価値をいかに世界に示すかでした。しかし、現実には教会は依然としてイスラム勢力の影におびえ、また土着の異教の神々・習慣・暴力などを十分抑えることができずに、かえって教会自体が揺れ動き、混乱していました。

この八世紀の教会の姿を象徴するかのようなニュースを、ベーダの『イングランド教会史』は記しています。彼がこの著作を完成する二年前、すなわち七二九年の出来事です。

「太陽の周囲に二つの彗星が現れ、見る者に大きな恐怖を投げかけた。実際、一つの彗星は朝、太陽が東に昇るに先立って現れ、もう一つの彗星は夕方、太陽が西に沈んでから現れ、まるで東にも西にも恐ろしい破滅の予言であるかのように思われたのである。」

「東にも西にも」とは、まさに、この時代の東方教会と西方教会との歩みを象徴するかのようです。

『ニュルンベルク年代記』（1493年）に描かれたベーダのイラスト

「見えない神のかたち」

七一七年、東ローマ帝国は存亡の危機を迎えていました。帝都コンスタンティノポリスが再度イスラム教徒のサラセン軍に包囲され、帝都のみならずキリスト教世界が風前のともしびと化しました。ここで登場するのが、兵卒から皇帝にまで出世したレオ三世（在位七一七〜七四一年）です。彼は翌七一八年の戦勝により包囲を解き、勢いに乗って七四〇年にはサラセン軍を決定的に打ち破りました。ヨーロッパがイスラム教世界となる危険は去りました。

キリスト教を国教化したあのテオドシウス大帝の治世を理想としたレオ三世は、大胆で積極的な帝国強化政策を熱心に遂行しました。そしてとかく自由・独立の精神の強い教会をがっちり統制し始めたのでした。しかし彼の熱心さが、かえって大混乱を招く結果となりました。それは、七二六年から一連の画像禁止令を発布して画像破壊運動に火をつけ、以後百年以上に及ぶ大論争を引き起こしたからです。

画像《イコン》はギリシア語のエイコン（似姿、かたち）に由来する言葉で、聖書でもコロサイ人への手紙一章一五節（「御子は、見えない神のかたち」）などで用いられています。ひとことで言えば、平面上に描かれた絵のことで、通常、木や金属などの上に創造神・キリスト・天使・聖母マリア・聖人などの主題を描いたものです。東方教会では、五世紀ごろから画像崇敬が急速に一般化し、中でも、マリアを「神の母」と呼ぶようになるにつれ、聖母の画像は多くの信徒の崇敬の的となりました。

確かに、時代も時代でした。人々は、確かで変わらないものを求めていました。流転の世界の中で、永遠・不変を代表する「天国の門」と人々の目に映ったのが修道院でした。その修道院が画像のパトロンとして、崇敬運動を盛り立てていたのです。また、画像は皇帝の宮殿から一般信徒の家庭まで入り込み、多様な機能を果たしていました。時には、戦勝を約束する軍事的シンボルとして。また、洗礼時の幼児の名付け親として。そして、病気の特効薬として、粉にして服用

聖母マリアとイエスのイコン（ロシア正教会、「ウラジーミルの生神女」）

されたり……。

画像崇敬の行き過ぎには、当然反対もありました。十戒の第二戒（東方教会の数え方では第一戒）、「自分のために、偶像を造ってはならない」に反するのではないかとある人々は主張しました。信仰の霊的性格を強調する者にとっては、それは即物的で低俗な信仰表現でした。東方教会に根強いキリスト単性論者にとっては、画像をもってキリストを表現することはまさに冒瀆《ぼうとく》行為でした。そして、キリスト教を偶像礼拝と非難するイスラム教からの圧力も強いものがありました。

この気運をとらえて画像の全面的禁止を打ち出したのがレオ三世でした。そこには、宗教を改革しようとする意気込みすらうかがえました。画像や聖遺物を排除し、それらが信仰者のために神にとりなしをするという一般信仰を打ち破り、十字架・聖書・聖餐だけを教会の聖なるシンボルにして信仰の霊性を強調しました。もっとも、一説には政策の遂行上障害となる修道院勢力を抑える目的があったとも言われます。

いずれにしろ、役人や軍隊まで動員されて組織的な画像破壊が始まりました。反対した教会や修道院はその多くが破壊され、処刑者も多数出ました。教会の最高指導者、コンスタンティノポリスの総主教も更迭《こうてつ》されるあり様でした。このとき数万の修道僧が迫害を逃れ、帝都や周辺から亡命したとも言われます。

こんなエピソードもあります。皇帝の宮殿大扉に掛けられた画像を取り壊しに上った役人に、女信徒たちが襲いかかり、ハシゴを取り外して役人を墜落死させました。怒った皇帝は彼女たちを処刑してしまったということです。

レオ三世の政策を内政干渉、また信仰上の迫害と受け止めた教会は、根深い抵抗を示しました。さらに、画像弁護の神学理論も登場します。たとえば、ダマスコのヨアンネスは亡命先で『聖画像破壊論反駁論』を書きました。見えない神がかたちのある人となった受肉によって、キリストは律法の第二戒を自ら無効にされた。だから、画像崇敬はキリスト教徒の義務であると。

レオの政策は息子のコンスタンティン五世、孫のレオ四世へと、七八〇年まで延々と継承されましたが、教会の抵抗運動のほうが、息が長かったようです。七八七年、ついに帝国の政策は逆転します。東方・西方教会から三百名の主教を集めて第二ニカイア公会議が開催され、そこで立体の像の使用は禁止されましたが、画像崇敬は公認されました。西方教会はその決定を受け入れましたが、十六世紀の宗教改革以来、プロテスタント教会は一般にこの会議の権威を認めていません。

こうして、東方教会は永遠・不変を画像で表現し得るか否かの問いをめぐって大きく揺れ動いたのでした。

元号から西暦へ

八世紀の教会が経験した大きな変化の一つは、ローマ教皇と東ローマ皇帝との関係の実質的な決裂です。コンスタンティヌス大帝以来続いた帝国と教会との関係の大修正です。

象徴的なことは、七八〇年ごろ、教皇ハドリアヌス一世は公文書の年代記述から皇帝暦を削除し、主暦を採用したことです。それまでの慣例であった「何々帝の」に替えて、「われわれの主の統治の」と年代を記しました。今日の日本流に言えば、さしずめ「元号から、西暦へ」ということになりましょう。

ローマに関するかぎり、この時代の西方教会の歩みは、東ローマ皇帝から遠ざかり、新興勢力のフランク王へ接近するという、安全保障を求めての旅路でした。この旅路の発端は、東方の画像論争のトバッチリを西方が受けたことにありました。レオ三世の画像禁止令に抗議した教皇グレゴリウス三世は七三一年にローマで会議を開き、画像破壊者の破門を宣言しました。この挑戦を受けた皇帝は、グレゴリウスを処罰するため軍隊をイタリアに派遣したのですが、兵士を乗せた船団は嵐に遭い壊滅してしまいます。怒った皇帝はイタリア南部とシシリー島をローマ教皇の監督下から取り上げ、コンスタンティノポリス総主教の監督下に移してしまいました。その結果、教皇は威信を失い、また大切な収入源を失って大打撃を受けました。

この事件は教皇に、東方からの脅威に対処するため、フランク王に安全の保障を求めさせることになりました。このころのフランク王国は、実権を握っていた宮宰カール・マルテルがトゥールの決戦(七三二年)でサラセン軍を打ち破り、意気揚々としていました。マルテル(ハンマーの意)の一撃がイスラム勢力の西ヨーロッパ進出を完全に阻止したのです。マルテルの子はピピン三世で、孫は後のカール大帝です。

教皇とフランク王国との決定的な関わりはピピンの時代に始まります。七四七年、宮宰として実権を握ったピピンは、「天国の鍵」を預かる聖ペテロの威光を借りて王位に就こうとしました。事実、地上におけるペテロの代務者である教皇の認可のもとに、七五一年彼は国王となり、カロリング王朝を始めました。さらに、ダビデがサムエルにより油を注がれて王となったように、後にピピンは教皇ステファヌス二世より聖油を受けることになります。ここに、超自然の力に裏打ちされた王位の確立例を見るのです。

もちろん、この関わりは教皇にとっても利益となりました。北イタリアのランコバルト族から圧迫されていた教皇は、ピピンに援軍を要請しました。そしてピピンはランコバルト族を打ち破り、占領されていたラヴェンナ太守領を解放し、七五六年これを教皇に寄進します。しかも、ローマからラヴェンナの間に散在する五つの町の鍵を、ローマのペテロの墓の上に、恭《うやうや》しく献上するという念の入れようです。これは「ピピンの寄進」と呼ばれ、ここに法律上初めて教皇領が始まりました。このときから東ローマ皇帝に気兼ねすることなく、教皇は広大な所領の持ち主となるわけです。

こうしてギヴ・アンド・テイクの関係が成立し、次の世紀には神聖ローマ帝国の誕生、さらには中世キリスト教社会の形成と、以後千年にわたり西方教会の歴史に影響を与えることになります。

このような歴史背景から登場したのが有名な偽文書『コンスタンティヌスの寄進状』です。帝国や王国の世俗権に対して、明らかに教会、特に教皇の権限の強化をねらったものでした。内容はスケールの大きいでっち上げで、形式は、四世紀にキリスト教を公認したコンスタンティヌス大帝が大病をいやされたことを感謝して、西方領土を時のローマ教皇にささげたというものです。しかもそれは、ペテロの後継者である教皇とローマに帝座を同じくすることに恐縮し、帝座をコンスタンティノポリスに移すためであったというのです！　こうしたでっち上げの中にも、教皇の皇帝離れ、またフランク王国に対する意気込みがうかがえます。

生命・救済・永遠の幸福

八世紀のヨーロッパ宣教の最前線は、今日のドイツやオランダにあたる地域のゲルマン諸部族でした。そこでも、ちょうどそれより百年ほど前にキリスト教受容をめぐりアングロ・サクソン人の間で交わされた次のような会話が繰り返されたと思われます。

「人間の生命は、はかないもの……。ですから、この新しい教えがいっそう確実な何かを与えたなら、信奉するに値する……。」

「この教えの中に、私たちに生命・救済・永遠の幸福という贈り物を与えることができる真理が明らかにされている。」

「いっそう確かな何か」を携えて、多くの修道僧・宣教師が流転のゲルマン世界に派遣されました。

中でも、この世紀を代表するのがボニファティウスです。ボニファティウスの本名はウィンフリド（平和を愛する者）。その名のとおり、イギリス生まれのアングロ・サクソン人は修道僧として平穏な一生を過ごすはずでした。しかし、彼は四十歳を過ぎてから大陸伝道の召命を受けました。

彼の初期の宣教は全くの失敗。その後、教皇グレゴリウス二世にタレントを発掘され、七二二年ローマに召集され、ゲルマン宣教を託されました。カール・マルテル、ピピンと歴代のフランク王国の指導者の保護を受け、ドイツのゲルマン部族に宣教し、「ドイツ人への使徒」と呼ばれるに至ったのでした。

宣教、教会の形成、ローマ型の教会組織の導入、教育の奨励などその働きは多方面に及びましたが、ボニファティウスのイメージは何と言っても、異教の神々・習慣に対決する姿です。ゲルマン民族の雷神トールの神木のエピソードは有名です。手に斧《おの》を持った彼は、異教徒の見守るなか、樫の神木を切り倒し、その倒れた巨木の四つの木片が大きな十字架を形成しました。この一事がヘッセン地方の異教崇拝の息の根を止めたということです。

八十を越えた老宣教師は、失敗した最初の宣教の地に布教を試みます。しかし七五四年、異教徒の一団に襲われ、従者に無抵抗を説きつつ、殉教しました。その若々しい情熱と不動の信仰に、多くの人々は永遠の世界を垣間見たことでしょう。それはまさに、

「うつりゆく世　さだめなき身、
ただ主に頼りて　安きをぞえん」

（『讃美歌』八五番）

ボニファティウスの殉教
（『フルダ典礼書』〔975年頃、ドイツ〕より）

の境地です。

ちょうど、賛美の声が天に立ち上るように、ボニファティウスと従者五十三名の殉教者のいのちは「神へのささげ物……芳《こう》ばしい香り」（エペソ五・二）となりました。紀元八世紀の「流転の世界」を覆う暗雲を突き抜けるようにして……。

教会史ア・ラ・カルト

クリスマス・ツリー

洗礼を授けるボニファティウス

キリスト教の習慣の中には、異教文化に起源をもつものも多い。今では、子どもたちに欠かせないクリスマス・ツリーもその一つ。

ゲルマン創造神話によれば、神イミルの死体から大地・天・海が、樹木からアスクとエンブラという男女が造られた。それゆえ、森の木は神聖視され、崇拝され、犠牲もささげられた。

ボニファティウスの宣教にまつわるエピソードの一つに、モミの木に人間犠牲をささげる異教の習慣をやめさせるために、代わりに幼子イエスへのささげ物をかけた、というものがある。一説では、これが最初のクリスマス・ツリー。「ボニファティウス」とはラテン語で、「良い行いをする者」！

紀元九世紀——神秘を地上に追う教会

クリスマスは、キリスト教の奥義の中でも最も神秘なものの一つです。栄光に満ちた神の御子が、肉体をとって地上に現れたというのですから。

ちょうど神が人となられた最初のクリスマスが教会の「礎《いしずえ》」であったように、教会の歴史は、神秘に満ちた真理を、地上に見える形で提示してきた歴史です。「流転《るてん》の世界と教会」と題して見た八世紀の教会は、このような神秘を画像《イコン》で表現し得るかをめぐって論争し、流転の世界に生きる異教徒に永遠・不変の福音を宣教しました。九世紀の教会はこの傾向をさらに強め、天上の神秘を地上に引き下ろすかのようにして、「神秘を地上に追う教会」となります。

この九世紀がまさに幕を開けようとする紀元八〇〇年、しかもクリスマス当日、ローマの聖ペテロ教会でこの世紀を象徴するような出来事が起きました。聖ペテロの墓の前でひざまずいて祈るフランク国王カール（在位七六八～八一四年）に教皇レオ三世が近寄り、王冠を頭に載せたのです。教皇の指導の下に、おそらく打ち合わせや予行演習をしてきた会衆は、カールに向かって三度、戴冠を祝福して叫びました。

「カール。神より冠を受けた敬虔なアウグストゥス。偉大にして、平和をもたらす皇帝《カエサル》に長寿と勝利があるように！」

伝統あるローマ皇帝の称号を用いての新しい帝国設立の宣言……。しかも、神聖な神の権限を地上で代表する教会の首領ローマ教皇自らが冠を授け、カールを四七一年以来廃位されていた西ローマ皇帝にするというのです。もっとも、以上の光景は教皇側の資料に基づいたもので、カール大帝側の資料とは微妙に食い違います。しかしいずれにしろ、ここに西方教会と世俗の権力との新しい関係が成立したことは確かです。

カール大帝

神聖なローマ帝国

キリスト教公認で知られる四世紀のコンスタンティヌス大帝以来、ローマ皇帝は一貫して教会の元首・支配者の地位を主張してきました。教会の最高の教職者を自称したローマの教皇やコンスタンティノポリスの総主教といえども、ローマ皇帝を戴冠により任命することはなかったのです。教皇レオ三世の行為は、このような主張に対する大胆な反発であり、コンスタンティノポリスからの西方教会独立の宣言でもありました。事実、コンスタンティノポリスはカール新帝の誕生を認めることをかたくなに拒否しました。

しかし、レオの行為が西方教会の長い伝統に基づいていたこともまた事実でした。四世紀のミラノの主教アンブロシウスは、皇帝権に対する教会の独自の領域を最初に主張しました。彼は、信仰上の問題に関しては、「教会がキリスト者皇帝を裁くのが習慣であり、皇帝が教会を裁くべきではない」、また「皇帝は教会の内にあるが、教会の上にはない」とも言いました。三九〇年、無意味な大量殺人を命じたテオドシウス帝を非難し破門した事件は有名です。

五世紀にはアンブロシウスの最大の弟子アウグスティヌスが大著『神の国』で、「神の国」と「地の国」とのたゆまぬ対立を説きました。彼は、人間の罪のゆえに生まれ、また罪を抑えるために必要な地の国の存在は認めました。しかし、キリスト者の忠誠心はそこにはなく、最終的に勝利する神の国にあると力説しました。

さらに、六世紀のグレゴリウス大教皇はこのアウグスティヌスの理念を実践に移し、西方の盟主としてのローマ教会の地位を、東ローマ帝国に対して主張しました。

このような西方教会の伝統と教皇権の台頭という歴史的事実に基づいて、教皇レオはカールに戴冠しました。ちょうど、旧約聖書の預言者サムエルがサウルやダビデに油を注いで王にしたように。そこには五世紀末以来断絶していた西ローマ帝国を再発足させ、教会と国家間の理想的関係を樹立しようとする意図がうかがわれました。古いローマ帝国の伝統を継承したと自負するローマ・カトリック教会が、神の聖なる御名において設立する神聖なローマ帝国の理想です。

しかし、現実は教皇が願ったほど単純ではありませんでした。宮廷学者で『カール大帝伝』の作者アインハルトによれば、大帝は後に教皇のこのような行為に立腹し、もし教皇の意図を事前に知っていればその場に居合わせることはなかったと主張したということです。たぶん、彼の立腹の原因は戴冠の手続き上の問題でした。すなわち、ローマ帝国の慣例によれば、皇帝自らが自分に戴冠すべきところ、教皇が異例にもそれをしたということです。事実、八一三年、大帝はその息子ルイ敬虔王をローマならぬ帝都アーヘンで帝位に就かせるにあたって、冠を自らの手で祭壇から取ることをルイに命じました。

カール大帝はアウグスティヌスの『神の国』の愛読者であったと言われ、彼なりの読み方により、自分を神の国の地上における守護者と見なしていました。彼に宮廷学者として仕えたアルクィヌスは、大帝を教皇や東ローマ皇帝と比較して「なんじ（カール）にのみキリスト教会の希望すべてがかかっている」と称賛しました。この点で、教会に対する大帝の政策は、基本的には東ローマ皇帝のそれと変わらず、教会権力からの独立であることがわかります。

しかし、ブリテン島を除く西ヨーロッパのほぼ全域を影響下に置いた大帝が八一四年に没したことにより、事態は変わります。広大なフランク王国は分割統治制を採用し、八四三年のヴェルダン条約などにより、国土が東フランク（ドイツ）、西フランク（フランス）、イタリアに三分されるにつれて、各国の王位の成立に教皇の発言権が増していったのです。とりわけ次の十世紀の東フランク王オットー一世は、ローマで教皇より帝冠を授けられ、文字どおりの神聖ローマ帝国の起源（九六二年）となりました。こうして西ヨーロッパに、教会と世俗権力とがバランスをとる「中世キリスト教社会（コルプス・クリスティアヌム）」の実態が次第に現れてくることになります。

下の挿絵はローマのラテラノ宮殿に九世紀に造られたと言われるモザイクのコピー。聖ペテロが教皇レオとカール大帝の中間に座し、教権と俗権とを取りもっています。そこに、神聖なローマ帝国の成立をめぐっての一つの理想像、天的な神の国の地上での具現、教会の追求した「神秘」の具体例を見ることができます。

天上と地上のヒエラルキー

九世紀の東方教会は西方教会ほど特筆すべきものはなく、平穏な歩みをしました。確かに八一四年から八四三年にかけて、前世紀と同じように画像破壊運動が再燃しましたが、

これも画像崇敬者の再度の勝利に終わりました。八四三年の受難節の第一聖日に、この勝利を祝い「正統派の復活」と呼ばれる儀式が厳かに行われ、以来東方教会の大切な祭日となっています。東方教会は、画像や聖遺物によって天的な神秘を見える形で表明しようとするわけですが、今回の論争で画像守護に新理論を加えたのはストゥディオスのテオドロスでした。彼によれば、ちょうど人が神の像《かたち》に造られたように、被造物は、神の心に本来あるそのものの原型に従って造られました。そこで、たとえば聖母の画像を崇敬することは聖母の絵ではなく、絵の背後にある聖母の像《かたち》・人格を崇敬するのであり、偶像礼拝とはならないというのです。

テオドロスの説は、実は『偽ディオニシウス文書』という一連の神秘主義的な著作に影響を受けたものでした。この文書は、六世紀ごろシリアの修道院で書かれたもので、使徒パウロのアテネ伝道で改宗した「アレオパゴスの裁判官ディオヌシオ」(使徒一七・三四)の名を語っているため、後にこの名称で呼ばれるようになりました。すでに東方では広く読まれ、西方でも一部知られていましたが、九世紀に西方教会の思想家スコトゥス・エリウゲナがこれをギリシア語よりラテン語に翻訳し、西方教会の神学に大きな影響を与えました。

『偽ディオニシウス文書』には、「天の階層《ヒエラルキー》について」と「教会の階層《ヒエラルキー》について」という一対の著作が含まれています。天の階層とは、いわば地上の教会の原型に相当し、天使、大天使、諸権力など神と人との間に存在する九つの秩序からなる階層。教会は天上の階層の地上での表現であり、秘蹟《サクラメント》、主教・司祭・執事などの教職者、信徒など、同じく九つの秩序からなる階層。

このような思想は、西方教会に強い印象を与えずにはおきませんでした。まず、カトリック教会の存在そのものが、天上の神秘の地上での具現であること！　その教会は、ローマ教皇を頂点としたヒエラルキーで、信徒より教職が、下級教職より上級教職が高い地位と強い権力をもち、下から上に次第に上るピラミッド型の階層と理解されたこと。東ローマ帝国やフランク王国に対して独立した権限の主張を強めていた九世紀の西方教会にとっては当然、自信を与えてくれる好都合の理論となりました。

さらに、「神秘を地上に追う」西方教会にふさわしい一つの論争が起きました。それは聖餐をめぐるもので、カトリック教会で言うミサにおいて、パンとぶどう酒の要素はキリストの肉と血に変化するのか、あるいはそれらを象徴するにすぎないのか、という問題でした。

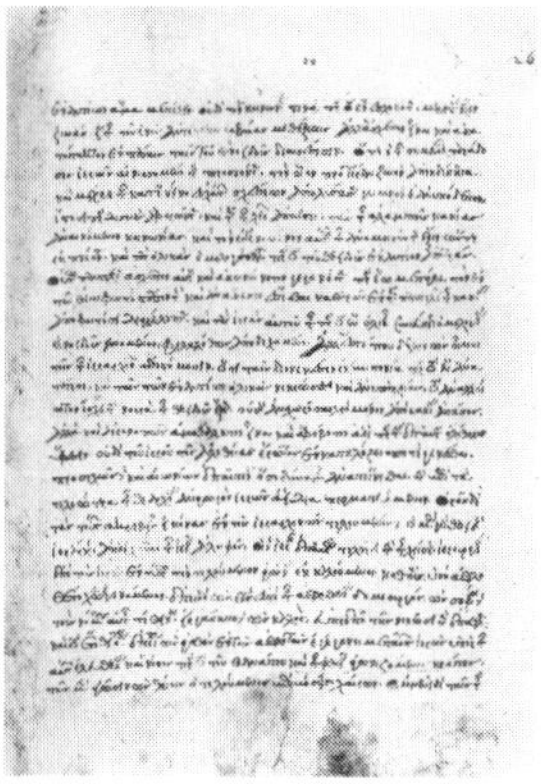

『偽ディオシウス文書』の
「教会の階層について」

不思議なことに古代教会は洗礼については多く論じましたが、聖餐を大きな問題とはしませんでした。どちらかというと、アウグスティヌスに見るように、要素を象徴と理解する傾向がありました。しかし、中世の西方教会がミサにあずかることを「ありがたいこと」、「功徳のあること」と見なすようになると、次第に「ミサでなにか変化が起きる」との期待が信徒間に強くなりました。そして、この変化にまつわる迷信めいた奇跡なども聞かれるようになったのです。

「聖別されたパンを食べ、病気が治った」

「パンから血がしたたり落ちた」

「焼失した教会堂跡から、聖別された要素が焼けずに……」など。

このような一般信徒の傾向に対応して、教会側でもミサにおいて、聖別されるパンを司祭が高く上げたり、要素に向かって賛美を歌ったり、跪拝《きはい》といって要素にひざまずいたりするようになりました。そこで神秘的・奇跡的な変化が起こると、教会が信じ始めたのです。

奇妙にも聖餐論争は、フランスのコルビーにある同じ修道院の二人の修道僧仲間の間で、しかも『主の肉と血について』という同じ題名の著作を二人が書いたことがきっかけで起こります。その一人パスカシウス・ラドベルトゥスは八三〇年ごろ、聖餐論に関する最初の学問書を著しました。キリストは母マリアから受け、十字架で苦しみ、復活した同じ肉と血とをもってミサに客観的に現在すると彼は主張しました。さらに、聖別のたびごとに要素が奇跡的に変化することや、信仰者が食する要素が現在するキリストの肉と血そのものであることを示唆しました。これに対し、ラトラムヌスはキリストの霊的現在を主張しました。信仰者が霊的に食する要素はキリストの歴史的な体の肉と血ではなく、それらを象徴するものだと。

この論争では、当時の教会の一般信仰を代弁し、神秘を地上に、しかも即物的に求めたパスカシウスの立場が勝利しました。そして、後にカトリック教会が打ち出した化体説に道を開くことになりました。ミサにおいて、パンはキリストの肉に、ぶどう酒はキリストの血に化体（実体変化）するという説です。ラトラムヌスの立場はあまり評価されずに終わりましたが、後の宗教改革以降プロテスタント教会の一部が同じ立場をとりました。

「彼らの神はトールより強し」

この時代の教会は前世紀に引き続き、宣教への情熱を燃やしました。東方教会の場合、東方への中国と、北方へのスラブ民族の宣教が特筆されます。

四三一年、エペソでの第三回公会議により異端として退けられたネストリウス派は、その後ペルシアで大勢力となり、七世紀には唐の長安にまで伝えられました。当初、唐の皇帝高宗や玄宗らに大秦（ローマ帝国）景教として保護されて栄えました。七八一年には長安に有名な「景教流行中国碑」まで建ち、九世紀前半には最盛期を迎え、その影響は日本にも及んだのでした。しかし、八四五年、道教を熱心に信奉した武宗の禁止令により、約三千名の修道僧は国外退去や還俗を命ぜられ、景教は次第に消滅していきました。

東方教会の宣教の特徴の一つは、宣教地の民族・言語・文化を尊重したことです。北方のスラブ民族への宣教も例外ではありません。モラヴィアやブルガリアは東ローマ皇帝とローマ教皇がそれぞれ覇権を主張していただけに、宣教の困難な地でした。皇帝がこの地に宣教師として派遣したのはコンスタンツとメトディウスの兄弟でした。彼らはスラブ語のアルファベットなどを考案し、スラブ語による礼拝形式や聖書の普及に努めました。

大秦景教流行中国碑拓本

他方、西方教会の北方への宣教にも目覚ましいものがありました。しかし、その宣教は統制・画一的で、また力ずくという印象の強いものでした。ちなみに、宣教された所はどこでも、ラテン語とローマ型の礼拝形式、ウルガタ聖書が普及しました。それで、力強い宗教としてのキリスト教を強い立場から宣教する、と異教徒の目に映ったことでしょう。たとえば、カール大帝です。彼は、合計二十六回もの軍事遠征を試みた結果、ドイツのサクソン人をついに屈服させ、キリスト教を強制しました。受洗を拒む者には死刑という法律までつくらせたのです。これには大帝の宮廷学園長の要職にあった、さしものアルクィヌスも、「主は……『行ってすべての国民を教え、洗礼を授け』と命じられた。まず教えてから、水に浸すべきである」と大帝に抗議したほどでした。

北欧の宣教は新開拓のドイツを拠点として推進されました。「北欧の使徒」と呼ばれたアンスガールが活躍したのもこのころです。彼は、フランスのコルビーの修道院に育ち、二十五歳で危険に満ちたデンマーク宣教に志願しました。後には、新設された北ドイツのハンブルク主教区の主教としてデンマークとスウェーデンの布教に専念するようになりました。あるとき、スウェーデン国王が臣民会議を召集し、アンスガールら宣教師の神か、先祖のトールの神かの選択を迫りました。一触即発の危機に一人の老人が立ち上がり、キリスト教の「神はトールより強し」と叫び、布教が認められたということです。

九世紀の教会は、「神秘を地上に追う」ことで信仰を表現しました。教会には「神秘の意識」は増えましたが、その一方で、信仰者の自由で意識的な参加は底を突いてしまったのです。

教会史ア・ラ・カルト

献　金

『聖十字架の礼賛』(De laudibus sanctae crucis, 780-856年）に描かれたアルクィヌス（中央）

旧約聖書の「十分の一」献金の原理は、教会に実践的問題を提示した。

一般に、古代教会はこの問題をキリスト者の自由にゆだねた。オリゲネスなどは、キリスト者はその自由において十分の一を超えるものを、と言った。しかし、法律で十分の一を規制したのはカール大帝が最初であった。彼は、貴族・自由人・奴隷の差別なく、それぞれの「労働と資本の十分の一」と定めた。

アルクィヌス（カット）は、大帝が改宗を強制した臣民にもこれを適用することを非とし、「彼らが信仰を失うより、それを徴収せぬほうがよい」と言った。イングランドに生まれ、フランク王に仕えたこの博学な信仰者の良心の声と言うべきであろうか。

紀元十世紀――死の陰の谷を歩む教会

「主は私の羊飼い。……
たとえ　死の陰の谷を歩むとしても
私はわざわいを恐れません。」

旧約の預言者ダビデの有名な詩篇二三篇（一、四節）です。

十世紀も終わりを告げた紀元一〇〇〇年ごろ、「死の陰の谷」を思わせる恐るべき不安がキリスト教世界全体を覆っていました。おそらく「ヨハネの黙示録」が記す「一千年」の解釈に由来したのでしょうが、当時のキリスト者の多くが、教会の歴史は一千年で幕を閉じ、恐ろしい災難がそれに続き、ついに最後の審判が来ると信じていました。災難の時が近づきつつあったのです。

また度重なる飢饉がヨーロッパ各地を襲い、社会不安は募り、人口は減少し、経済も衰えてきました。一説では、九七〇年から一〇四〇年までの七十年間に、凶作年はなんと四十八年もあったということで、紀元一〇〇〇年はその真っただなかにありました。

さらにキリスト教世界は異教徒の侵略に対し、その弱体ぶりをさらけ出しました。イスラム教徒は東と南より地中海を渡り、東方と西方の沿岸地域を略奪。さらに、アジアから今日のハンガリー地方に移住し王国を建てたマジャール人は、しばしば東ローマ帝国と西ヨーロッパ諸国を侵略。そして、何よりも人々に恐れられた北方ゲルマン族、ヴァイキングの襲撃。八世紀ごろからノルウェーやデンマークから船足の速いボート（写真）で南下したノルマン人、デーン人は、今日のドイツ、オランダ、フランス、イギリス、スペイン、イタリアなどの沿岸地域を組織的に侵略しました。異教徒の彼らは、教会や修道院を好んで破壊し、住民を殺し、連れ去りました。このころまでの三世紀にわたり、ヨーロッパ各地で共通にささげられた祈りは、「主よ、われらをノルマン人から救い出したまえ」であったと言われます。

ヴァイキング船（9世紀後半、ヴァイキング船博物館）
（写真・Sergey Ashmarin on Wikipedia）

「暗黒時代」と呼ばれる中世の中でも最も暗い紀元十世紀。「イエス・キリストの生命に生きること」を教会の歴史とすると、この時代の教会は、キリストの教会に最もふさわしくない姿を暴露し、まさに、霊的に「死の陰の谷」を歩んだ教会だったわけです。

封建制度と教会

実は、東方教会に関するかぎり、「死の陰の谷を歩む教会」のイメージには幾分の明るさがありました。東ローマ皇帝バシレイオス二世（在位九七六〜一〇二五年）ら優れた指導者と、学問的にも文化的にも健全な教会に恵まれていました。そのうえ、ロシアの改宗という喜ばしいニュースも聞かれたのでした。

ロシアの改宗のきっかけは、キエフ（キーフ）公国皇太后オリガが九五五年、コンスタンティノポリスで受洗したことです。時の東ローマ皇帝コンスタンティヌス七世は、「あなたはロシアの女性の中でも恵まれた方。あなたが闇よりも光を愛したから。ロシアの子孫たちは末代に至るまで、あなたを祝福することでしょう」と皇太后を祝福し、洗礼名としてあのコンスタンティヌス大帝の母堂ヘレナの名を与えました。ロシアに帰ったヘレナの祈りは九八八年に結実しました。孫のキエフ公ウラジーミル一世が信仰をもち受洗し、ロシアの改宗が始まったのです。これより一九一七年のロシア革命までの約一千年間、キリスト教はロシアの国教となりました。

問題は西方の社会と教会です。十世紀の混迷の最大の原因は封建制度の成立にありました。九世紀のところで、カール大帝の建てた大帝国が、ゲルマン民族固有の分割相続制によって、フランス、ドイツ、イタリアの三つの王国に分割されたことを見ました。ローマ帝国の伝統であった単一相続制を捨てたことは、帝国全体の力を弱め、ヴァイキングなどの侵略から王国を守ることを困難にさせました。そこで、防衛の必要上、王国はさらに封土として分割されて主要な臣下に与えられ、代償として臣下には忠誠と有事における兵役が要求されました。こうして、王国内に封建領主として多数の王侯貴族が生まれ、その下に、領主から土地を授与されて耕し、領主に労役をしたり税を納めたりする農民、さらに底辺には土地に身分を縛りつけられた農奴が誕生しました。ここに、ピラミッドのような身分制度ができ上がり、十世紀の教会を呑み込むようにして、影響を与えることになるのです。

まず、信者から土地の寄進を受けたりして土地所有者となっていた教会が、この封建体制の中に組み込まれました。主教・大主教・僧院長から教皇までが封建領主の色彩を強くし、結果的に教会の世俗化が進行しました。

また、封建制のもつ倫理観も次第に教会内に浸透してきました。たとえば、主イエスの説いた愛は、封建主従関係に置き換えられました。「自分の敵を愛しなさい」は結局、領主と領民の間で「自分の身内を愛しなさい」を意味したのです。経済的に貧しい者や奴隷の存在はこの体制にとって前提であったため、聖書がそれら虐げられた者に言及する聖句は、「罪に虐げられた者」「霊的に貧しい者」「心の貧しい者」などと再解釈されたのでした。

さらに、教会は農奴の存在を聖書から正当化しました。その理由づけは、「農奴を解放し自由人とするという善行を、領主に行わせる機会を与え、天国への道を領主に開くから」というものでした！

そのうえ、封建制度は、群雄割拠する領主の間に絶え間ない戦争をもたらしました。「異教徒からキリスト教を守る」とか「異教徒を征服し、改宗させる」とかの名目でこれまで唱えられてきた「義戦」の考えは、もう通用しません。キリスト者同士が、一片の領土、憎しみ、封建精神の結晶とも言える騎士道の名誉を賭けて戦ったのです。好戦的風潮が教会に害毒を流し、教会の指導者たちも戦いに巻き込まれるようになりました。十世紀の初めごろ、十人のドイツ人主教が帯剣・従軍して戦死しています。象徴的な紀元一〇〇〇年ごろ、神聖ローマ皇帝オットー三世の軍隊を率いたベルンヴァルトは主教でもありました。聖職者であった彼の槍には、なんとキリストの十字架から取られたという聖遺物の釘がはめ込まれていたというのです！

神聖ローマ皇帝となったオットー３世とその家臣団
(1000年頃、バイエルン国立図書館所蔵)

「シオンの山は荒れ果て」

先述のウラジーミル一世の改宗には一つのエピソードがあります。彼が東方正教をビザンティン文明全盛期のコンスタンティノポリスから受け入れる前に、イスラム教、西方教会（ローマ・カトリック）、ユダヤ教のそれぞれの信仰の特徴について尋ねました。「ローマの教皇から派遣された」と権威ぶるカトリックの特使に、彼が「教会の戒律は何か」と尋ねたところ、「できるだけ断食をすればよろしい。しかし、飲み食いはいつも神の栄光のためにしなさい」と答えたということです。

このエピソードの史実性は問題としても、それはたぶん、十世紀のロシア人が抱いた西方教会のイメージ、「権威ぶるわりに、飲み食いに終始する低俗な宗教」を反映していたのでしょう。ウラジーミルは即座にカトリック教を退けたと言われます。

霊的にはドン底を突いたこの時代の西方教会をそれこそ根底から揺さぶる二つの問題がありました。一つは世俗権力による聖職者の任命（叙任《じょにん》）、もう一つは教皇庁の堕落です。

叙任問題は、教会と俗権がそれぞれの威信を賭けて対立した、いわば「教会と国家」の大問題でした。キリスト教に改宗したとはいえ、一般にゲルマン族は宗教を国家の大切な機能の一つと考え、教会に独立した地位を与えようとはしませんでした。王侯貴族は領土内の教会財産を私物化し、主教や僧院長などの高位聖職者を勝手に任命しました。もちろん叙任のための教会の正統な法的手続きは無視され、十分訓練を受けていない不適格者や、結婚や同棲をする者も続出。また、世俗君主の地位にありながら、同時に主教の地位を占める君主主教も多く生まれました。先に触れた「戦死した主教」の多くは、このような人たちでした。いずれにしろ、教会は荒れ、その権威・霊性は低下してしまったのです。

このような習慣に対し、教会は強く抗議し、叙任が教会法に厳正に基づくべきことを主張しました。しかし、この時代の教会に関するかぎり、その主張は道徳的権威の裏付けに欠けていました。ローマ・カトリック教会というピラミッドの頂点に位する教皇の、言語に絶する堕落ぶりのゆえです。

紀元九〇〇年に教皇となったベネディクトゥス四世から九九九年に即位したシルヴェステル二世まで、対立教皇を含め二十七人が聖ペテロの座に着きました。その任期も短い者は約一か月、長くても十四年でした。最短のレオ五世は九〇三年七月に教皇となりましたが、二か月後には対立教皇クリストフォルスの武力蜂起により職を奪われ、そのクリストフォルスを追放して翌年教皇となったセルギウス三世により処刑されてしまいました。最長のヨハネス十世（在位九一四〜九二八年）は、教皇というよりは、サラセン軍の侵入を自ら剣を取って撃退した武将として知られた人物でした。当初、彼は、実質的にローマを牛耳っていた有力貴族夫人テオドラと親密な関係を結んでその地位を固めたのですが、後にはテオドラの不徳の娘、悪名高い娼婦マロツィアの陰謀により獄中で窒息死させられました。そのようなわけで、ベッドの上で平穏な死を迎えた者のほうが、むしろ少なかったのです。

もっとも、それは驚くに値しないことでもありました。教皇の座は、二、三の有力貴族の権力争いの道具と成り下がり、実質的には聖職者の名にふさわしくない貴族が教皇になっていたからです。中でも悪名高いのはヨハネス十二世（在位九五五～九六四年）でした。十八歳の若さで教皇の座に着いた彼は、破廉恥行為の限りを尽くし、ついに悪魔や悪霊の名によりまじないまで行ったと非難されました。

このヨハネス十二世は目先の利益のために、九六二年、ローマに軍隊を進めたドイツ（東フランク）王国のオットー一世（在位九三六～九七三年）を神聖ローマ皇帝として戴冠しました。ここに、カール大帝においてすでに理念づけられていた神聖ローマ帝国が、カロリング王朝断系後初めて名実ともに実現したのです。以降、ドイツ王はローマで教皇より戴冠され、ローマ皇帝の称号を受ける習慣となりました。この神聖ローマ帝国は、ドイツを中心とする諸国間に一種の連合政権として君臨し、名目だけではありますが近世にまで残存し、一八〇六年ナポレオンにより廃止されるまで、一千年近い歴史を誇ったのでした。

しかし皮肉なことに、ヨハネスは、教皇の堕落ぶりを見兼ねたオットー皇帝によりローマを追放される憂き目に遭います。そのうえ、オットーにより召集された教会会議は、ヨハネスを冒瀆・聖職売買《シモニー》・偽証・殺人・姦淫・近親相姦の罪で訴えたのです。

こうして封建領主も教皇も、キリストの教会の徳を建てることに失敗しました。旧約聖書の哀歌（五・一八）の言葉が哀しい現実となったのです。

「荒れ果てたシオンの山の上を、
そこを狐が歩き回っています。」（傍点著者）

クリューニーとオーラフ

教会と俗権双方の指導者たちにより、キリストの教会は「死の陰の谷」に追いやられました。しかし、「主は私の羊飼い。……私はわざわいを恐れません」というテーマも、十世紀の西方教会に聞こえなかったわけではありません。特に教会の改革と宣教活動において光明を見ることができます。

教会の改革は、ベネディクトゥス会修道院の改革から始まりましたが、それはフランス東部のクリューニーの名で知られています。九一〇年、土地の貴族ギョーム一世は、次のような特徴をもった新しいタイプの修道院を建てました。

・修道僧が僧院長を自由に選ぶ。
・地域の領主や主教の干渉から自由。
・ローマ教皇の直接保護を受ける。
・修道僧個人の霊的訓練を高める。
・賛美・礼拝儀式を重視する。

封建体制とその悪しき影響から自由を守り、かつ世俗化する教会に霊的影響力を発揮しようとする意図が、明らかに見られます。初代僧院長ベルノをはじめ、二代目のオド、五代目のオディロなど優れた僧院長に恵まれ、クリューニーの改革運動は急速にヨーロッパ中に広まり、その最盛期には千二百ほどの修道院がこの運動に加わって、十一世紀以降の教会改革の原動力となりました。

クリューニー修道院大聖堂跡に唯一現存する南翼

十世紀の末からは、「ヨーロッパの改宗」の最終段階が始まります。そしてデンマーク、ノルウェー、スウェーデン、ハンガリー、ポーランドが次々とキリスト教の宣教に門戸を開けることになります。

ノルウェーの宣教は、デンマークのキリスト教化に触発され、国王オーラフ一世（在位九九五〜一〇〇〇年）が決定的な役割を果たしました。九九〇年ごろ、ヴァイキングの首領として遠くシシリー島に遠征中、彼はそこで一人の修道僧と出会い、強い印象を受けて即座に洗礼を受けます。帰国し、国王に即位した翌年（九九六年）、彼は自分の宗教を国教とすべく、臣民の会議に「キリスト教か死か」の二者択一を迫りました。自分の生命を賭けて、ノルウェーがキリスト教を受けるか、自分が死ぬかと切り込んだのです。そのオーラフも、スウェーデンおよびデンマークとの海戦に敗れ、海中に身を投じました。紀元一〇〇〇年の彼の死は、暗黒に満ちた十世紀の幕切れとして印象深いものがあります。

しかし「死の陰の谷」の中でも、教会が消滅せずに生き残ったことは事実でした。

教会史ア・ラ・カルト

ミ　サ

中世後期のミサの様子

ローマ・カトリック教会用語で、プロテスタントの聖餐にあたる儀式。ミサの制度は中世中期に大成したが、聖書の聖餐から離れた点は否めない。

神が信仰者のために、恵みの手段として備えられるのが聖餐。司祭が神のために、人の罪に怒る神をなだめるために行うのがミサ。このため、本来司式者が会衆に向かうが、ミサでは司祭は会衆を背に神に向かう。また、怒れる神をなだめるためキリストはミサごとに十字架の犠牲を繰り返すので、キリストがかかったままの十字架が用いられる。

聖餐であれ、ミサであれ、そこに見出される方が恵み深い神か、怒れる神かでは大いに異なる。

紀元十一世紀——世俗化と闘う教会

キリスト教会の礎、ベツレヘムでの最初のクリスマスから一千年の時が経過しました。十一世紀のキリスト教会は二千年期を迎え、今日から見れば、いよいよ後半の歴史に入ります。先に、十世紀の教会を霊的に「死の陰の谷」のドン底を歩いたとしました。とりわけ西方教会の世俗化と腐敗には、言語を絶するものがありました。しかし、キリストの教会はいつまでも低迷してはいません。この十一世紀では、前の世紀に反発するかのように、宗教的な熱心と改革の気運が教会にみなぎり、「世俗化と闘う教会」の姿が浮き彫りにされたのです。この時代を代表する修道僧で改革者であったペトルス・ダミアニの次の言葉は、この教会の姿を反映しています。

「私たちがこの世を捨てること、それは神を私たちの所領とし、私たちが神の所領となることである。こうして、神が私たちの譲りとなり、私たちが神の財産となる。……もし全能の神が私たちの譲りであるなら、その比類ない財宝以上にすばらしい富を、だれが発見できようか！」

現世を否定し、来世に目を向ける。そんな禁欲的・彼岸《ひがん》的な理想から教会の改革が始まりました。改革の推進者の多くは霊的理想に燃えた修道僧たちでした。しかし、その改革運動を最大限に利用しつつ勢力を拡張したのはローマ教皇でした。結局のところ、「世俗化と闘う」とは、教会の権限（教権）の独立と優位性を世俗の権力（俗権）に対して主張する教皇のスローガンであったのです。

二振りの剣

東方教会においてはもちろんのこと、西方教会でも教会が俗権と対等の立場で対等に振舞うことは、現実にはなかなかありませんでした。しかし十一世紀の西方教会に、「教会と国家」関係における新しい局面が次第に現れてきます。それが従来の教会と俗権との関係と根本的に異なる点は、「教会と」とあるように、俗権から自立した教会が主体的に俗権との関係を規定するという積極性においてです。もはや「国家と教会」ではなく、「教会と国家」なのです。

この新しい関係を支えた教会側の理論が「二振りの剣」です。ルカの福音書（二二・三八）が言及する二振りの剣を、霊的なみことばの剣と、人の生命を奪うことができる世俗の剣、すなわち聖・俗両権と理解し、原理的にそれらがまず教会に、神から与えられた権限とする理論です。当然、教会は霊的な剣を自分のために使うのですが、俗的な剣は使えないため、その使用を一時的に俗権にゆだねることになります。これが、最後の晩餐の席上で「ここに剣《つるぎ》が二本あります」と言った弟子たちに、「それで十分」と答えた主イエスの意図であったというのです。

先に触れたクリューニー修道院を中心とする改革の気運は、十一世紀に入り、西方教会全体を包み込む大運動となりました。そこで直面した課題は、教会が霊的剣をもって自らを改革できるか、あるいは俗権が教会からゆだねられた俗的剣をもって、武力ずくで教会を改革するかでした。そして、教会改革の最初の指導権を握ったのは神聖ローマ皇帝ハインリヒ三世（在位一〇三九〜一〇五六年）でした。

当時のローマは三名の教皇が乱立するという醜態でした。ローマの貴族の派閥から推された教皇ベネディクトゥス九世、他の派閥により強引に対立教皇とされたシルヴェステル三世、聖務に嫌気がさしたベネディクトゥスから金銭で教皇位をひそかに買収したグレゴリウス六世の三名です。ドイツからイタリアに下ったハインリヒは、一〇四六年に教会会議を招集させて三名すべてを退け、代わりにドイツ人主教をクレメンス二世として教皇としました。

ハインリヒ３世

教会の権威がこのように地に落ちたことを悲しみ、改革を叫ぶ声は教皇庁にも響きました。改革推進派の教皇レオ九世（在位一〇四九～一〇五四年）は就任早々、聖職売買《シモニー》や聖職者の妻帯を禁止するなどの改革案を打ち出し、腐敗時代をいちおう終わらせました。

レオ九世の改革の中でも、後代に決定的影響を及ぼしたのは枢機卿《すうきけい》会議の制度化です。ローマ市などでは、従来、主教・司祭・執事のうちで指導的地位にあるものを枢機卿の称号で呼んでいました。しかし、レオ九世は彼らを改組し、教皇直属の諮問《しもん》機関・助手・アドバイザーの会議としました。さらに、この会議に教会の中枢的役割を与え、新しい教皇を選ぶ権限まで授けました。そこには、皇帝などの俗権やローマ市の貴族勢力から教皇庁を独立させるねらいがあったのです。

レオ九世のもとには、ヨーロッパ各国から改革提唱者が枢機卿などとして集められました。有名なのは、主教枢機卿のフンベルトとペトルス・ダミアニ、副執事のヒルデブランド（後に枢機卿から教皇グレゴリウス七世へ）でした。とりわけ、フンベルトは理論家で、俗権による叙任を激しく攻撃しました。

神聖ローマ帝国のドイツであれ、西フランク王国やイングランドであれ、教皇の「二振りの剣」理論には根強い抵抗がありました。そのうえ、主教の半数ほどが俗権により主教杖と指輪を授与され叙任されており、さらに主教は教会の聖務のほかに、封建領主として世俗の機能を果たす俗権の臣下でもあった時代です。フンベルトに代表される教皇庁の主張は、理論上とはいえ、このような現実を否定するものであったため、改革運動が俗権と衝突コースにあることは明らかでした。

そして、ついに正面衝突。教皇グレゴリウス七世（在位一〇七三〜一〇八五年）となったヒルデブランドと、ドイツ国王ハインリヒ三世の息子のハインリヒ四世（在位一〇五六〜一一〇五年）との対決です。最大の争点はもちろん、俗権の叙任権の是非です。

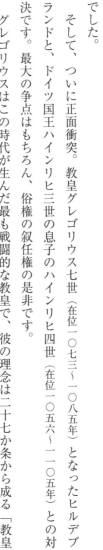

グレゴリウスはこの時代が生んだ最も戦闘的な教皇で、彼の理念は二十七か条から成る「教皇令」（一〇七五年）に明らかです。それによれば、公同教会の主であるローマ教皇は無謬《むびゅう》であり、自由に法令を制定し、会議を召集し、主教を廃し、また復職させる権限をもちました。さらに有名な一二条では、教皇は皇帝を廃位する権限を持つと主張されます。霊的な剣のほかに、世俗の剣も神から教会がまず受け、それを俗権に与えるという「二振りの剣」の実践的適用をここに見ることができるのです。

グレゴリウス７世

実際一〇七六年、グレゴリウスはハインリヒを破門し、臣下を国王に対する忠誠の誓いから解除しました。キリスト教の歴史が始まって以来、初めての教会による国王の罷免です。そして神聖ローマ帝国の教会もグレゴリウス側に立ち、幼児洗礼・結婚・葬式など公的な性格をもった儀式をボイコットしました。翌年、窮地に陥った国王が雪のアルプスを越え、北イタリアのカノッサ城の門外で教皇の赦免を請うて、裸足と修道服で三日三晩立ち続けたエピソードは有名です。

しかし、事はそれほど単純ではありません。後年、居丈高なグレゴリウスが再度ハインリヒを破門した際には、ドイツ教会は今度はハインリヒを支持し、国王は軍隊をローマに進め、教皇を南イタリアに追放してしまったのです。

「教会と国家」の関係、とりわけ叙任権論争は、これ以後数世紀にわたり西方キリスト教世界の最大関心事となりました。

「フィリオクェ」

教皇権の戦闘的なまでの高揚の最初の犠牲者は、キリスト教会の一致でした。東方教会と西方教会との決定的な分裂がそれです。

これまで、両者の伝統が異なって発展し、両者間の溝が次第に深まったことを見ました。特に、「コンスタンティノポリス信条」（三八一年）をめぐる神学論争（聖霊発生、あるいはフィリオクェ論争）は深刻な溝となりました。元来、この信条には「聖霊は御父から発生する」とあり、これが東方教会の立場でした。ところが、この信条を公に受け入れた西方教会では、次第に「聖霊は御父および御子から（フィリオクェ）発生」と読むようになりました。西方教会では、キリストの神性を父なる神の神性より低く劣るものとしたアリウス主義の異端が切実な問題であったため、御子と御父の同等性が強調されたからです。もちろん、東方教会はこの新しい立場を異端とし、逆に西方教会は、教皇の全教会に対する首位性を根拠に、これを弁護しました。

一〇五四年、教皇レオ九世は特使フンベルトを東方に派遣し、コンスタンティノポリスの総主教ケルラリウス（在位一〇四三～一〇五八年）を破門し、また総主教も教皇を破門して事実上分裂が起きました。

不幸なことに、その後、東ローマ皇帝はセルジューク・トルコ軍との戦い（一〇七一年）に敗れ、小アジアの大部分を失い、一〇八一年には帝都からわずか百キロあまりのニカイアまで占領されてしまいました。帝都防衛もおぼつかない皇帝は、西方、特にローマ教皇に援助を要請し、これが後の十字軍《クルセード》の遠征の遠因となるわけです。

神のおぼしめし

教会の世俗化現象の中でも最も醜いものはキリスト者同士の戦争でした。兵隊を抱えた封建領主や、戦いを美徳とした騎士ならいざ知らず、聖職者の参戦は教会のイメージをいたく傷つけました。「右の頰を打つ者には左の頰も」（マタイ五・三九）と言われたキリストに仕える主教・司祭・修道僧さらに修道女の中にまで武具を着ける者がいた時代でした。

西方教会のこのような世俗化現象に対して、改革推進派の教皇は、「神の休戦」や「神の平和」という協定を呼びかけました。「神の休戦」とは、週末、クリスマスやイースターなどの祭日、四旬節《レント》などに戦いを禁止すること。「神の平和」とは、聖職者・巡礼者・商人・女性・老人・農民などを戦乱に巻き込むことを禁止することです。しかし、これらの協定を守ることも戦争をする者次第なので、大きな成果はありませんでした。

しかし、好戦的な封建世界という池に教会が投じたもう一つの石は、だれもが予期しなかった大波紋を起こしました。この一石とは、内部で戦い合うキリスト教世界のエネルギーを、一挙に外の異教世界に向けることでした。

先述の東ローマ皇帝から援助要請を受けたのは、教皇ウルバヌス二世（在位一〇八八～一〇九九年）でした。近年、戦闘的なイスラム教徒であるセルジューク・トルコ族がパレスティナを占領し、キリスト教徒の聖地巡礼は困難になっていました。そこで一〇九五年、フランスのクレルモンで開かれた教会会議では聖地奪回の大アピールがなされました。ウルバヌスはフランク民族に呼びかけました。

「あなたがたの間にある敵意をすべて捨て去り、すべての争論をやめ、すべての戦いを終えよ。聖地への道に進み、悪しき民からそれを奪回し、あなたがたの支配するところとせよ！」

この熱烈なアピールに対し、会衆はこぞって「神のおぼしめしだ！」と叫びました。それがこだまとなって各地に広がり、第一回の十字軍の遠征が生まれたのです。

一〇九六年から一二七〇年までの約二百年間に、少なくとも八回行われた十字軍の遠征の中で、最も純粋に宗教的熱情に支えられたのは第一回目の遠征でした。教皇の約束する特別な罪の赦免を信じ、自己の魂の永遠の救いを求めて、おもにフランス各地から多くの者が十字のしるしを帯びて参戦しました。「世俗化と闘う教会」の熱狂的で、戦闘的な姿をそこに見ることができます。

こうして一〇九六年に出発した各隊は、三年の歳月をかけて一〇九九年エルサレムに到達し、そこを解放してエルサレム（ラテン）王国を建てました。

霊的な改革で始まった十一世紀は、その最後の年に地上の王国を建てるという「世俗的な」成果をもって幕を閉じることになったわけです。

世俗の学問のつまらない事々

世俗化との闘いのもう一つの側面は、世俗の学問に対する教会の取り組みです。厳格な修道院の理想を追求したイタリアのベネディクトゥス会の神学者ペテロス・ダミアニ（一〇〇七～一〇七二年）は、「霊的な務めを放棄し

写本に描かれた第１回十字軍の様子
軍を先導するペテロの姿が描かれている

て、世俗の学問のつまらない事々を学ぶ欲望」に身を任せる修道僧を厳しく戒め、哲学は「神学の侍女」のごとくあるべしと説きました。世俗の学問が教会を支配することを恐れたのです。

しかしダミアニの警告にもかかわらず、世俗の学問は信仰にとって危険なものではなく、むしろ信仰のために利用できる、と考える修道僧も多くなりました。世俗の学問を信仰の用に供すること、これを世俗化との闘いと考えたわけです。

アンセルムス（一〇三三頃～一一〇九年）はこの新しい主張を代表した人で、最初のスコラ学者とも呼ばれます。「神の存在論的証明」と言われる議論をもって、彼は、理性のみによる神存在の証明を試みました。また名著『クール・デウス・ホモ』ではキリストの受肉と救いの必然性を説きました。神との対話形式で記した『プロスロギオン』の次の言葉は、世俗の学問に対する教会の自信の反映でもあります。

「私の心が信じまた愛しているあなたの真理を、いくらかでも理解することを望みます。私は、信じるために理解することを望まず、理解するために信じます。」

このように、世俗化との闘いにますます自信をつけた教会の声高な主張がこだまするなかで、十一世紀は幕を閉じます。

そろばん

ローマ式のそろばんの複製
（写真・Mike Cowlishaw on Wikipedia）

十一世紀のヨーロッパには、便利なアラビア数字が知られていなかった。ローマ数字の記数法では、簡単な算数にも多くの時間がかかった。ちなみに、アラビア数字の1983はローマ数字ではmcmlxxxiiiとなる。

そのころ、この事態の解消のため古代計算盤、ローマ式そろばんが中世ヨーロッパに再導入されたという。カットはローマ式そろばんの複製で、上段のボタンが五、下段のボタンが一（四つある）を表す、そろばんの基本型を示している。

クリューニーの僧院長オディロは、一〇四八年、死に臨んで、そろばんの達人の修道僧を呼び、五十年を越える僧院長時代に何回彼がミサを執行したか、そろばんをはじかせたと伝えられている。

「ねがいましては……。」

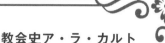

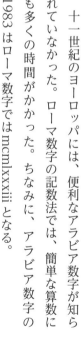

紀元十二世紀——天上と地上の帝国を

西方で言う「中世」一千年の中でも、十二世紀は特筆すべき時代でした。教会のエネルギー・創造性・ロマン・敬虔さが一段と輝きを増し、中世の頂点と言われる十三世紀への道を開いたのです。

西方教会に関しては、先に見た「世俗化と闘う教会」の姿勢はより戦闘的となり、その主張もより大きく膨らみました。この十二世紀の教会が後世に残した遺産である『グラティアヌス教令集』には、キリストがローマ教皇に「天上と地上の帝国を支配する権利を与えた」とあります。

『教令集』の最初の注解者ルフィヌスは、この表現を次のように理解しました。

「(グラティアヌスは、)天上の軍団、すなわち、教職者全体と彼らに属する事柄を天上の帝国と呼び、世俗の人々と事柄を地上の帝国と呼んだ。これより明らかとなることは、祝福されたペテロの代理者である教皇が、地上の帝国を支配する権利をもっていることである。」

教会も国家も、いやキリスト教社会全体を支配するぞ、という教会の強気の姿勢です！　前章の「二振りの剣」よりひと回り大きくなった主張がここにあります。

協力と対立

東ローマ帝国は比較的安定した十二世紀を迎えました。西方が組織した第一回の十字軍遠征のおかげで、セルジューク・トルコ軍を小アジアの東に押し戻し、黒海やエーゲ海の沿岸地方も支配下に収めました。しかし安定していたとはいえ、暗黒のようにコンスタンティノポリスを覆う衰退の気運を打ち払うほどではありませんでした。

西方では事情が逆でした。協力であれ対立であれ、教会と世俗諸権力との関係は、キリスト教社会に新しい力を生みだしていきました。

理想的には、教権と俗権が共通のキリスト教的基盤の上に緊張関係を保ちつつ協力して形成するのが、キリスト教社会でした。そこでは、「ギヴ・アンド・テイク」の協力関係が必要でした。協力の一例はヴォルムス協約（一一二二年）で、前世紀以来、大問題となっていた俗権による聖職者叙任にいちおうの決着を付けました。協約によれば、神聖ローマ帝国内で主教などが叙任される場合、教皇と皇帝の双方がこれに関与します。人選および牧会権を象徴する指輪と杖を授けて聖職に任ずるのは教皇の権利。同一人物に笏《しゃく》を与えて宗教諸侯とし、また紛糾したケースに介入する権利は皇帝のものでした。

十字軍の遠征も協力の成果でした。先に見たように、西方キリスト教社会は第一回十字軍により一〇九九年聖地を解放し、そこにエルサレム王国、エデッサ伯領、アンティオキア公国といった十字軍国家を設立します。当初、西方の世俗権力と教会の協力に支えられて繁栄しましたが、間もなくイスラム勢力の巻き返しが始まりました。トルコ軍によるエデッサの陥落（一一四六年）は第二回十字軍（一一四七〜一一四九年）、エジプトから出たサラディンによるエルサレム占領（一一八七年）は第三回十字軍（一一八八〜一一九二年）の遠征の原因となりました。

しかし残念なことに、これらの遠征は、教会と俗権との全面的協力にもかかわらず、失敗に終わりました。第二回十字軍の場合、教会は、当代随一の知名度を誇ったクレルヴォー僧院長ベルナルドゥスを遊説させるといった肩の入れようでした。しかし遠征隊のほとんどが聖地にすら到着できませんでした。バルバロッサ（赤ひげ）の異名を取った神聖ローマ皇帝フリードリヒ一世自らの、イングランドとフランス国王を引き連れての大遠征が、第三回でした。しかしこれも皇帝の溺死、英仏国王間の対立などの不幸にたたられ、目標は達成されずじまい。かろうじて、「ライオンの心」をもつと言われたイングランド国王リチャード一世がサラディンと和平を結び、面目を保った程度でした。遠征に投入された財・人・物質・エネルギーの莫大さと成果のなさが、際立ったコントラストとなりました。それがまた、教会と俗権間の不和を深めたのです。

やはり、協力よりは対立の激しさが印象深く残るのが十二世紀です。「天上と地上の帝国を」と意気込むローマ教皇と、ドイツから北イタリアまでを支配する神聖ローマ皇帝との対立は格別でした。スケールの大きい力と力との衝突が生み出すエネルギーもたいへんなものでした。

教皇の「天上と地上の帝国を」との主張に生涯をかけて抵抗したのは、皇帝フリードリヒ一世（在位一一五五～一一九〇年）でした。彼は、神聖ローマ帝国の基礎を据えたカール大帝を理想とし、皇帝が教皇を自由に操ることができた過去の時代の再現を試みました。そして一一五七年の帝国会議での大混乱が彼に口実を与えました。その混乱とは、教皇が会議に宛てた親書の中で用いられたラテン語の「ベネフィキウム（恵み）」がドイツ語に訳された際、封建領主が臣下に授ける「封土」と理解されたために起きたものでした。フリードリヒは、「教皇が帝国領土を封土として皇帝に授ける」と主張していると理解し、これを「前代未聞のでっち上げ」と強く非難して皇帝権の独立を訴えました。「天上と地上の全権力をもつ神は、主に油注がれたわれわれ（諸侯）に王国と帝国の支配をゆだね、教会の平和が、帝国の武力により保たれることを定められた……」と。

フリードリヒI世
（ストラスブール大聖堂のステンドグラス、13世紀）
（写真・Ralph Hammann on Wikipedia）

事実、教皇を武力で抑え込むためフリードリヒは北イタリアに遠征し、そこの支配をめぐりランコバルド同盟の諸都市と二十年にわたり争いました。しかし、彼の野望も一一七六年のレニヤーノの大敗により挫折。教皇の主張は、皇帝の力をもってしても覆せなかったのです。

皮肉なことに、フリードリヒの息子ハインリヒ六世は一一九一年ローマに赴き、教皇ケレンティヌス三世から皇帝に任じられました。右の挿絵は、同時代の年代記の中の二コマをモデルにしたカットです。上が教皇より世俗の剣を受けるハインリヒ。下は戴冠。「二振りの剣」は、すでに理論ではなく現実となっていたのです！

ゴシック様式

教権と俗権の対立とはいえ、粗野な力のむき出しの対立だったわけではありません。キリスト教社会は、ちょうどゴシック様式の建物のように、両者間の微妙なバランスと、高度に発達した法理念に支えられて建て上げられていたからです。カンタベリーの大主教トーマス・ベケットの事件がこの点を明らかにしています。

イギリス国王ヘンリー二世の信任を得て大主教となったベケット（在位一一六二～一一七〇年）は、教皇権を弁護して次第に王権と対立し、王から遣わされた四人の騎士によって、カンタベリー大聖堂において殺害されました。問題はその後の成り行きでした。ヨーロッパ全土が驚きと憤りを表明し、教皇もこれみよがしにベケットを聖人の列に加えたのです。それでヘンリーは、墓前で公に罪を告白し、さらに教皇への服従を誓わされるという屈辱を味わいました。教権と俗権の間には互いに越えることのできない一線があったのです。

この一線をめぐっての抗争に法体制がありました。十二世紀初めよりイタリアのボローニャで、古代ローマ法とその集大成である「ユスティニアヌス法典」（五二九年）の研究が盛んになってきました。とりわけ、文化・思想・宗教一般をはじめキリスト教会をもローマ皇帝が支配するという基本理念をもつ「ユスティニアヌス法典」の研究は、世俗統治の法制化に大きく貢献したのみならず、教皇の主張に対する理論的武装を俗権に与えたのでした。

教会側も遅れを取りません。ボローニャの法学者で修道僧のグラティアヌスは『教令集』（十二世紀中期）を書き、教皇の俗権に対する抗争にとって不可欠な資料を提供しました。聖書・教父テキスト・教会会議決定・教皇令など広い資料を項目別に分類し、注釈を加えたものです。

こうして、世俗の法廷も教会の法廷制度もさらに発展しました。当時の難題の一つは、世俗法を犯した聖職者はどちらの法廷で裁かれるべきか、でした。教会と世俗君主の主張は真っ向から対立しました。ベケット事件のきっかけも、犯罪聖職者を世俗法廷で、とした「クラレンドン法」をイギリス国王が教会に強制したからです。

しのぎを削る二つの法体制と二つの法廷。両者が互いに補い、また対立してキリスト教社会が築き上げられていきました。この光景は、ちょうど、十二世紀中期から日の出の勢いで流行したゴシック様式が、建造物を上へ上へと築いたことにも似ていました。

それまでのロマネスク建築は古代のバシリカ様式を発展させたもので、丸みと重厚さが特徴でした。ただし技術面で、高さと広さに制限がありました。しかし天井のリブ・ヴォールトや外壁部の飛控えなどの新技術の開発により、ゴシック様式は内部の大空間や天にそびえる尖頭アーチを可能にしました。まさに、この時代の精神の広がりと高まりを象徴するかのようです。教会建築では最初のゴシックと言われるフランスのサン・ドニ修道院（一一四四年完成）や、パリのノートルダム大聖堂（一一六三年着工）が有名です。

ロマンと敬虔

教会の内面性においても十二世紀はユニークでした。そこには、新しい時代にふさわしいロマンと敬虔の世界が広がっていました。

十、十一世紀にクリューニー型修道院が果たした教会の内面的改革を、十二世紀に担ったのがシトー会でした。一〇九八年にフランスのシトーで創設されてから、百年間に五百近い修道院を含む大運動となりました。この会は、キリストや使徒の貧しく簡素な生活様式を模範としたため、都市を避けて、ヨーロッパの辺境に新開地を選び修道院を建てました。当時の教会を侵していた富・華美・不道徳を捨てて、染色をしない白のウールの修道服に身を包み、辺境を開拓する修道僧。彼らに自由なロマンを見ることができます。

シトー会が生んだ最大の指導者はベルナルドゥス（一〇九〇～一一五三年）です。フォンテーンの城主の息子として生まれ、二十五歳の若さでクレルヴォーに修道院を建て、教会の要職への招きをすべて断り、終生、僧院長としてとどまりました。彼は、世俗的な教会と聖職者に対しては厳しい批判者で、彼の弟子で教皇となったエウゲニウス三世（在位一一四五～一一五三年）に対しても教皇庁の霊的改革を迫るほどでした。

また彼は、アウグスティヌスとルターの間に位置する最大の思想家・説教家でもありました。

ベルナルドゥス

聖書のみことばに対する真摯《しんし》で福音的なその姿勢は、後のプロテスタント改革者ルターやカルヴァンが高く評価したものです。有名な八十六篇の『雅歌説教』では、花婿であるキリストと、その花嫁である教会との神秘的な愛を、当時流行し始めた中世恋愛詩の用語を用いて歌い上げていると言われます。賛美歌では、キリストの苦難を歌った「血しおしたたる主のみかしら」（讃美歌一三六番）がベルナルドゥスの名を冠しています。さらに原詩では、「イエスよあなたの思いはいかに甘く私の胸を満たすことか」と歌い出す賛美は「いずみとあふるる いのちのいのちよ」（同三五三番）として知られています。ここにも、神秘的で甘美なロマンと敬虔の世界が発見されます。

「聖霊の時代」

そして「天上と地上の帝国を」と主張する教皇の教会に対する、最もラディカルな批判が起こりました。批判者の多くは、ベルナルドゥスのようにカトリック教会内にとどまった者ではなく、異端者とされて教会の外に追いやられた人々でした。彼らは様々な面から教会を攻撃しました。

まず黙示的な歴史理解からの攻撃です。シトー会修道士・神学者フィオーレのヨアキム（一一三五頃～一二〇二年）は、黙示録の研究から救いの歴史を三つに分けました。第一は「御父の時代」で、律法が支配する旧約の時代です。第二は「御子の時代」で、新約また教会の時代です。そして第三が「聖霊の時代」です。この時代は一一六〇年ごろから始まり、次第に霊的な教会が世俗的教会に取って代わるというのです。それは、権威や制度を誇ったローマ・カトリック教会に対するラディカルな霊的チャレンジでした。ヨアキムの考えは次の十三世紀に異端とされました。

次に、聖と俗、霊と肉との鋭い二元論からの攻撃です。カタリ派と呼ばれる運動は、古代教会のグノーシス主義やマニ教とも関係し、十一世紀ごろから西方に伝わり、十二世紀の最盛期にイタリア、フランス、ドイツに広まって、ボゴミール派、アルビ派などとも呼ばれました。物質は悪魔により造られたと考えた彼らは、教会の聖礼典・十字架・画像なども否定しました。もちろん、コンスタンティヌス大帝以来、世俗権力とかかわったキリスト教会は、堕落したとして否定されました。

ラディカルな批判運動の中でも、福音的なのがヴァルド（ワルドー）派です。リヨンの豪商ヴァルド（一二一七年没）が回心し、財産を貧民に分け、同志を結集した信徒説教運動でした。しかし、信徒も聖書を学び説教することができること、信仰者にとって教会の聖職者の仲介が不要であることの二点において、カトリック教会制度を否定する運動であるとされ、一一八四年に異端とされました。

教皇も世俗君主も、そして異端者までもが過激なまでにそれぞれの主張をし、十二世紀の世界空間の広さ・高さに響かせながら、躍動した時代。互いに自己の真理性を主張した時代です。このような時代を象徴するのが、スコラ学初期の神学者・哲学者アベラルドゥス（一〇七九〜一一四二年）の主著『然りと否』でした。著者は、パリそしてヨーロッパ中で話題となったエロイーズとの悲恋の主人公で、教会での出世を捨てて修道僧になった人です。この著作は、神学上の問題（命題）に関し、文字どおりそれを肯定する証言（然り）と否定する証言（否）を、聖書・教会教父・異教の哲学などから集め、一見矛盾と見える証言から真理を導き出そうとしたもので、後のスコラ学の基本的方法論を提供しました。その「序論」における彼の言葉は時代を反映して象徴的です。

「知恵への第一の鍵は勤勉で、絶え間ない疑問……。疑いは探求を起こし、探求は真理に導く。」

教会史ア・ラ・カルト

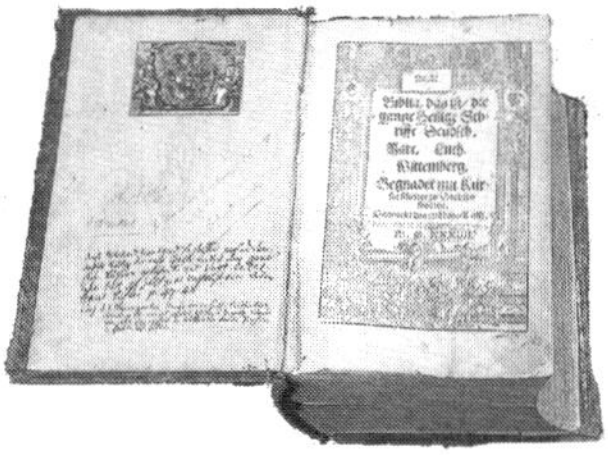

自国語聖書

中世カトリック教会の公用聖書はウルガタであった。四世紀末にヒエロニムスが聖書言語（ヘブル語、ギリシア語）をラテン語に翻訳したものである。そして自国語への翻訳は禁止されていた。

主イエスのことば、「帰って、あなたの財産を売り払って貧しい人たちに与えなさい」（マタイ一九・二一）により回心したヴァルドは、フランスのプロヴァンス地方語に新約聖書の一部を翻訳した。

ヴァルドの聖書主義信仰は、ウィクリフ、ロラード派、そしてルターのドイツ語聖書（カット、一五三四年版）へと下って、「ただ聖書のみ」というプロテスタント宗教改革の大原則にまで生きて発展した。

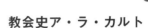

紀元十三世紀——至高を目ざす教会

西方中世における教会の勢力では「クライマックス」！　教会の影響力の広がりでは「ユニバーサル」！　どのように形容しようと、十三世紀の教会を十分には表現しきれません。そこには、中世一千年のキリスト教が求めた「キリスト教社会」という理想像が、高まりも広がりも伴って存在していたからです。

前章で触れたゴシック様式が最盛期を迎えたのが、この時代でした。あくまでも高く天にそびえようとする建造物は、時代の精神の表れ——十一世紀、十二世紀と見た「世俗と闘う教会」や「天上と地上の帝国を」支配しようとする教会の主張が、十三世紀に頂点に達したことと似ています。世俗の文化・学芸・国家権力に対して、キリスト教の価値観や教会の権力がこれほどまで高く掲げられた時代もまれでした。

しかしその精神の高まりにも増して、十三世紀の教会を特徴づけたものは、そのユニバーサル・普遍的な広がりです。このとき「キリスト教普遍文化」が形成されつつありました。これは、「万学の女王」と呼ばれた神学から、今日でいう市民芸能までのすべてをキリスト教的価値観が網羅したものです。おそらく、哲学者で科学者でもあったロジャー・ベーコン（一二九四年頃没）がこの時代精神の代表でしょう。彼は哲学・神学のみならず、文法・数学・錬金術・占星術・地理学などにも通じ、さらに実験による経験科学の研究を手がけました。当時の人の目には奇想天外と映った実験を行ったため、「驚嘆すべき博士」の異名をもらったほどでした。またシルク・ロードをたどりモンゴル王朝（元）と交流したマルコ・ポーロの旅行記『東方見聞録』（口述筆記、一二九九年頃）が、雄大なスケールで書かれたのもこの時代でした。

トマス・アクィナス（中央）。両脇に、プラトンとアリストテレスが描かれている（ルーブル美術館、1471年）

教会の学問と言えば、やはりトマス・アクィナスの『神学大全』（スンマ・テオロギア）が時代を代表しました。「スンマ」はラテン語で、「至高」と「完全」という両方の意味をもつ言葉です。絶対的な真理を論ずる神学を中心として、哲学や諸科学を一つの体系にまとめ上げようとした努力がうかがえます。

ここにも、「至高《スンマ》を目ざす教会」の姿を見ることができます。

「天地《あめつち》の主なる」

至高を目ざし、すべてを網羅しようとした姿勢は、西方のキリスト教社会とりわけローマ教皇の姿勢でした。具体的には、ヨーロッパ以外の異教世界や東方教会に対する自信満々の姿勢でした。

この世紀に第四回（一二〇二年）から最終の第八回（一二七〇年）まで行われた十字軍の遠征に、西方社会・教会のエゴイズムや世俗的な動機が目立ってきました。第四回遠征は、聖地奪回に関しては完全な失敗！　代わりに、ローマ教皇による東ローマ帝国の政治介入を契機に、十字軍はなんとコンスタンティノポリスを急襲、占領してしまったのです。ラテン皇帝が立てられ、東方教会を代表する総主教も、ローマ教皇に任命されました。そのうえ、帝都の莫大な財宝が西方に持ち去られ、結果的には、弱体化していた帝国の滅亡を早め、東方教会の西方に対する不信を強めてしまいました。

もちろん、十一世紀末にスタートした十字軍当初の宗教的情熱や理想が全く失われたわけではありません。中でも、少年十字軍（一二一二年）はユニークでした。第四回遠征の失敗後、「自分たちの手でエルサレムを！」と、フランスやドイツから数千の純真な少年が参加しました。しかし後に判明したことですが、イタリアの悪徳商人の手で彼らの多くは、エジプトのイスラム教徒に奴隷として売られてしまったのです。「イエスきみはいとうるわし、あめつちの主なる」(讃美歌一六六番、傍点著者)は長い間、「十字軍の賛美歌」として知られてきました。この歌ではなかったと思いますが、十字軍の勝利を信じ、このような賛美を口ずさみつつアルプスを越えた少年たち。結末は悲しいのですが、そこにも、思いつめたように一途な時代の教会の側面があります。

さらに、時代の犠牲者とも言えるのがフランス王ルイ九世(一二七〇年没)です。十字軍の理想に燃え、その高潔な人格と篤《あつ》い信仰で知られ、後に聖人に列せられたルイは、第七回遠征で捕虜となり、第八回遠征中に病死しました。

こうして二百年近くも続いた十字軍は、皮肉な結末をもって閉幕。聖地の永代奪回という当初の目的は達成されませんでした。

次に、東方と西方教会の合同問題がありました。一〇五四年以来、両教会は、実質的に絶交状態にありましたが、ローマ教皇はキリスト教世界の至高の権威者として、東ローマ皇帝は、帝国の弱体化に歯止めをかけるという政治的動機から会談に臨みました。もちろん終始指導権を握ったのは教皇側でした。それで合同への第一歩は、ローマ教会の首位性を東方教会が認めること!と高飛車な姿勢を貫きました。

フランスのリヨンで開かれた公会議(一二七四年)は、皇帝側の大幅な譲歩により合同の宣言に合意を見ました。しかし教皇のエゴイズムを強く印象づけた会議で、聖霊発生論に関しては西方の「フィリオクェ」の立場を正統とし、東方の立場は異端とされる一幕もあったほどでした。他方、政治上の妥協とはいえ、皇帝の決断は東方教会の教職者から総反対を受け、結局、合同の夢も現実とはなりませんでした。

「諸国の民と王国の上に」

西方教会内部に目を向けるとき、至高権を主張する教皇が俗権に対してたゆみなくチャレンジする姿が浮かび上がってきます。しかも、まれに見る優秀な教皇が輩出された時代です。インノケンティウス三世、グレゴリウス九世、インノケンティウス四世、ボニファティウス八世――いずれも当代屈指の法律学者でもありました。ちょうどゴシック建築が工学上の緻密な計算に基づいて建て上げられているように、一方で彼らは世俗法と教会法との微妙なバランスを配慮し、他方で聖書や教会教父の権威をかざして、教皇権の拡充に努めました。

インノケンティウス三世（在位一一九八～一二一六年）は、この時代の教皇庁の基本姿勢を定めました。また、エレミヤ書の次の言葉（一・一〇）を俗権に対して有効的に用いた最初の教皇です。

「見なさい。わたしは今日、
あなたを諸国の民と王国の上に任命する。
引き抜き、引き倒し、

　滅ぼし、壊し、
　　建て、また植えるために。」
神がエレミヤに語られた言葉ですが、「あなた」を教皇と理解し、教皇が自由に世俗君主を選任したり、解職したりできる、と解釈したのです。さらに、教皇を「神と人との間に、神よりは低く、人よりは高く据えられ、すべての人を裁き、だれからも裁かれない君主」とも呼んでいます。「二振りの剣」の考えをより積極的に展開した至高権の主張です。

　インノケンティウスの理想は、ローマ教皇を頂点とする普遍的なキリスト教社会の形成でした。当然、教皇はこの社会の教理的統一者でもありました。彼は第四回ラテラノ公会議（一二一五年）を開き、化体説を採用しました。これは、ミサにおけるパンとぶどう酒がキリストの肉と血とに実体変化するという説で、救いにとって不可欠な、信ずべき教理とされました。中世の教会が打ち出した教理の中でも最も重要なものだと言えます。

インノケンティウス３世

　このように敷かれた路線に従って、グレゴリウス九世（在位一二二七～一二四一年）は神聖ローマ皇帝フリードリヒ二世と対立し、二度にわたり破門宣言をしました。また教皇権を教会内に固めるため、異端審問裁判の制度を新設しました。従来、各地の主教が異端審問にあたりましたが、それを教皇が直接監督しようというのです。さらに、インノケンティウス四世（在位一二四三〜一二五四年）は、第一回リヨン公会議（一二四五年）を開き、フリードリヒ二世に対する「十字軍」（！）まで提唱しました。

教皇至上権の主張の行き着くところ、それがボニファティウス八世（在位一二九四〜一三〇三年）の有名な回勅《かいちょく》「ウナム・サンクタム」（一三〇二年）でした。そこには、教皇のみがキリスト教社会の至高者であり、教皇との交わりにない者には一切救いがないと主張されています。それこそ、「朕《ちん》は教会なり！」と言ったも同然です。

「ものみなこぞりて」

十三世紀は、信仰と霊性においても中世の頂点でした。クリューニーやシトーの運動を継承しながら、ドミニコとフランチェスコという傑出した人物を得て、時代の精神を反映した新しい修道院運動が始まりました。

ドミニコ（一一七〇〜一二二一年）はスペインのカスティーリャ生まれ。若く、熱心な彼は一二〇三年、オスマの主教の供をしてカタリ（アルビ）派の異端が盛んな南フランスを視察しました。異端改宗のためにカトリック教会から派遣された宣教師が、異端者にばかにされ、相手にもされない事実……。そこで彼は、宣教師たちが異端者よりも使徒的清貧や聖書の知識においてすぐれ、カタリの「完成者」よりも完成された霊性を備える必要を説き、同信者を集めました。

一二一六年、「説教者の修道会」として公認されたドミニコ会は、一方で托鉢制度により清貧を実践し、他方、みことばに仕えるため徹底した学問研究に励みました。使徒パウロを理想としたドミニコは、三度も提供された主教の座を断り、修道会の発展に専念したのでした。公認から彼の死までの約五年間に驚くべき成長を遂げた会は、フランス、スペイン、イタリア、イギリスに六十一の修道組織をもち、パリ、ローマ、ボローニャの大学都市にも進出しました。神学者ではアルベルトゥス・マグヌスとその弟子トマス・アクィナス、神秘思想家ではエックハルトなどがこの時代の会士です。

フランチェスコ（一一八一頃〜一二二六年）は、イタリア中部のアッシジに富裕な商人の息子として生まれました。参戦、捕虜生活、病気を経て、貧しい者への愛と奉仕の生涯に徹底的な転身を経験（一二〇六年）。ハンセン病患者への奉仕や教会堂の修復に献身するうちに、弟子を派遣するキリストのみ

ドミニコ（左）とフランチェスコ（右）

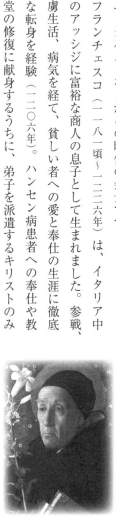

ことば（マタイ一〇章）により、「すべてを捨てて」の伝道に召されました。黒衣にひも一本を結んだ姿で山野を徘徊《はいかい》し、神をたたえては、さえずる小鳥に語りかけ、人々に福音を伝えたと言われます。フランシスコ会は後に「貧しい者の会」として公認され、イスラム教徒伝道にも活躍しました。

その謙虚さ、寛容さ、純真な信仰と簡素な生活、神と人への奉仕、自然に対する愛などにより、フランチェスコは当時ですら「キリストに最も似た者」と呼ばれました。雄大なスケールの賛美「ものみなこぞりて　みかみをたたえよ、ハレルヤ」（讃美歌七五番、傍点著者）に彼の世界をうかがうことができましょう。この原詩は晩年の作「太陽の賛歌」で、「わが主をたたえよ　すべての被造物よ　兄弟の太陽よ　姉妹の月よ」と歌われています。その高さと広さにおいて驚くべき世界と言えましょう。

研究と宣教のドミニコ会、奉仕と伝道のフランシスコ会。この時代の教会を大きく変えた運動は、教皇の公認と保護のもとに至高を目ざし、すべてを網羅しようとする教会に貢献していきました。

ウニヴェルシタス

学問の世界でこの世紀を特徴づけたのは、ウニヴェルシタス（大学。英語のユニバーシティの語源）の誕生です。従来の王侯の宮廷、主教聖堂や修道院の学校とは別に、自由な学問研究の場として一二〇〇年前後よりパリ、オックスフォード、イタリアのボローニャ、スペインのサレルモなどにつくられました。

ラテン語のウニヴェルシタスは本来、当時の商工業の組合《ギルド》のように、教える資格のある教師たちのグループを意味したようです。しかし、この言葉にはもう一つ「全体」とか「総合」の意味もありました。膨大な過去の知識を集大成し、ゴシックの大聖堂のように調和させる学問の場であったのです。ちなみに、パリ大学には人文学・神学・法学・医学の四学部がありました。人文学はだれでもが学ばねばならない基礎学で、それを修めた後、他の専門学に進むことができました。確かに、ボローニャ大学のように世俗の教育機関として創設されたものもありましたが、パリ、オックスフォード、後のケンブリッジなど多くの大学では教会との関係が密接で、教授はほとんど聖職者というように、結局、教会のための学校でした。

このような大学における学問を一般に「スコラ学」と呼びました。普遍的な全体を、霊的世界と自然界を、神学と哲学や諸科学を総合する学問でした。とりわけこの総合のために重視されたのが、アリストテレスの哲学でした。

西方の中世世界には従来アリストテレス哲学のほんの一部しか知られておらず、その全体は十字軍の遠征を契機に、イスラム教世界から、しかもアラビア語のアリストテレス全集およびそのラテン語翻訳によって導入されました。そこで十三世紀の大学では、新しいアリストテレス哲学とキリスト教という本来相いれないものの調和が問題となりました。そしてドミニコ会のアルベルトゥス・マグヌスとその弟子のトマス・アクィナスは、この調和が可能であるとして、理性と信仰、自然と恩恵というように下から上に積み上げられた二階建ての建物のような世界観を築き上げたのです。しかし、フランシスコ会のスコラ学者ボナヴェントゥラやドゥンス・スコトゥスはこの調和を否定し、理性と信仰との調和を前提としたスコラ学の衰退への道を開きました。

いずれのスコラ学であれ、神を、そして教会を至高とした学問であったことは事実です。スコラ学の最高峰と言われるトマス・アクィナスの『神学大全』は、「筆を起こせ！」という神の幻を受けて、神論・創造論・人間論・キリスト論と書き進められていきました。しかし「筆を折れ！」というもう一つの幻により、最終部の秘蹟論と終末論は未完のまま残されました。至高を目ざした十三世紀の教会にふさわしいエピソードです。

教会史ア・ラ・カルト

「ニーダーヴィルドゥンゲン祭壇画」には、眼鏡をかけて聖書を読むキリスト者が描かれている（ドイツ、1403年）

めがね

一二六六年、ロジャー・ベーコンは、本の上にレンズを置いて文字を拡大し、眼鏡の原理を考案した。しかし二つ玉で、実用に供され得る眼鏡の出現は次の十四世紀のことと言われる。

一般に、学者の多くが修道僧であった時代である。哲学者・科学者ベーコンも実はフランシスコ会士であった。増大の一途をたどる知識をより多く、晩年に至るまで学ぶため、多くの修道僧が眼鏡の実用化を歓迎したにちがいない。

スペインを経てヨーロッパへ十三世紀に導入された紙の使用とともに、眼鏡の利用は学問の進歩に大きく貢献した。望遠鏡・火薬・体温計の発明も、一説では、ベーコンに帰せられる。

紀元十四世紀――暗闇の森に迷う教会

十四世紀の西方教会の様相は、十三世紀のそれと全く逆の方向を示しました。「至高を目ざす」と表現した十三世紀の教会には、下から上へとたゆみなく上昇する気運が満ちていました。この時代が生んだイタリア最大の詩人ダンテ（一二六五～一三二一年）の最高傑作『神曲』にそれがうかがえます。雄大な宗教叙事詩で、著者自身が主人公として地獄を訪ねて下り、そこより煉獄を経て天国に上り、ついには至高天で三位一体の神の神秘を拝するという筋書きです。しかし興味深いのは『神曲』の書き出し、「地獄篇」第一歌の冒頭です。著者三十五歳と言われますので、紀元一三〇〇年の受難日のころ、主人公が深い森に迷った光景から始まります。

「われひとの生《いのち》の路のなかごろに、ますぐなる道あと絶ちてなかりける。くらやみの森をよぎりて、われありき。あなあはれ、言《ことば》の出づるは難きかな、すさまじく、荒く、けはしきこの森よ。……」

「くらやみの森」とは罪悪の深みを意味するのでしょうか。まさに、始まろうとする十四世紀の世相を象徴するような言葉です。またそこに、暗闇の森に落ち込んで低迷する教会の姿を見る思いがします。

普遍と個と

「普遍」が後退し、「個」が前進した時代。普遍的な価値は攻撃されて引き下ろされ、代わって個別の価値が主張される時代を迎えました。

神聖ローマ帝国の衰退は典型的な一例です。従来は、ドイツ王が皇帝となり、教皇よりローマで戴冠されて、イタリア王を兼ねることが習慣となっていました。そしてドイツやイタリア以外でも、皇帝権は西ヨーロッパ政治権力の普遍的な象徴として認められていました。しかし十一世紀から十三世紀にかけて、ローマ教皇の主張する普遍的支配権と激しく衝突し、イタリア支配に力を注いできた皇帝権も、一二五四年のシュタウフェン朝の没落と、一二七三年までの皇位の大空白時代を迎え、衰退の一途をたどったのです。そ

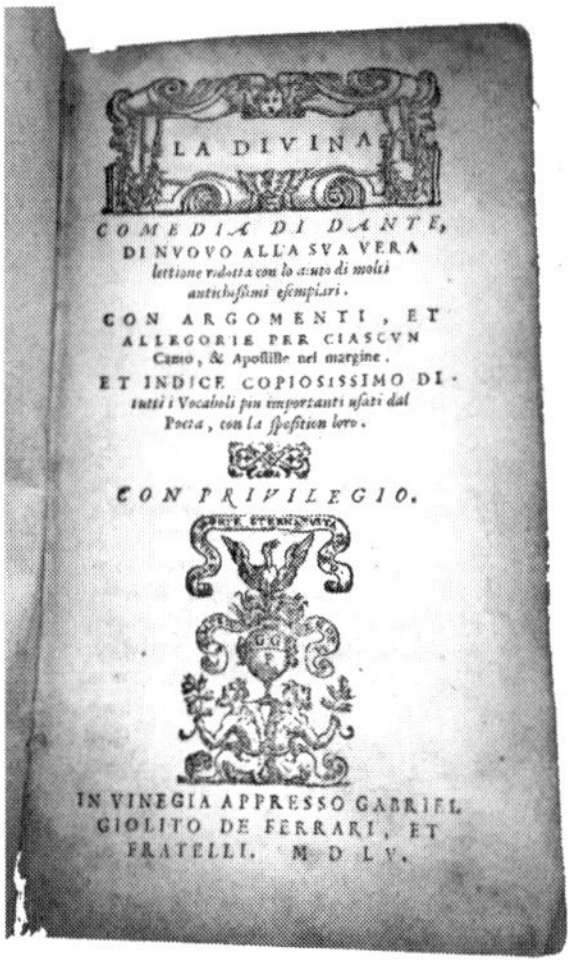

題名に La Divina（神曲）が入った最初の版の表紙（1555年）。
（写真・Nicolas Vigner on Wikipedia）

の結果は個々の世俗権力の台頭でした。ドイツでは、諸侯の、中でも皇帝選挙権をもつ選帝侯の権力は強化され、皇帝は諸侯会議の議長的存在と見なされるようになりました。

またイギリス、フランス、スペインでは、国王が諸侯を統合し、国単位で国民意識を高めつつ、近世で言う「国家」の基礎を築きました。こうして普遍的価値を前提とした「キリスト教社会」は次第に国単位に分割され、国王の権力は皇帝や教皇の権力に匹敵するようになったのです。

十四世紀のヨーロッパの政治の舞台で最も重要な役割を果たしたのはフランス国王やイギリス国王でした。強大な世俗権力を背景にして英仏百年戦争（一三三九〜一四五三年）が起きたのです。

とりわけ、目覚ましいのは独立の気風の強い自由都市の台頭でした。十字軍の遠征を機に東方貿易で躍進したヴェネツィア（ベニス）、ジェノヴァ、ピサ、また内陸交易で栄えたミラノ、フィレンツェなどのイタリア諸都市の多くは、商人中心の共和国として自治権を得ました。同様に、ドイツではハンブルク、ケルン、マインツ、アウグスブルク、フランスではマルセイユ、ボルドー、イギリスではロンドン、ブリストルなどが自由都市への道を進みました。そして、このような都市と新しい勢力としての市民階級の台頭により、ルネサンス（文芸復興）と呼ばれる自由な精神が培われたのです。

哲学において、普遍と個の転倒は最も顕著でした。トマス・アクィナスに代表される普遍主義、「普遍は個に優先する」という立場は、十四世紀に激しいチャレンジを受けました。「無敵博士」

と呼ばれたイギリスのオッカムのウィリアム（一二八五頃～一三四七年頃）は、個別的存在のみが実在し、普遍は実在する個の抽象的なしるし・名目にすぎないとして、「唯名論」を説きました。これは、普遍的な神の権威や真理を代表すると主張してきたローマ教皇を否定する革命的な理論であり、また、多数の教会代表による教会会議が、一人の教皇に優先するという改革理論、公会議主義でもあったのです。

文学の世界でも同じです。ヨーロッパの共通語、教会の公用語、知識人の言葉であったラテン語を捨てて自国語で文学をすることは、従来卑下されてきました。しかし十四世紀には新風が吹きました。『神曲』をはじめ、それに匹敵するペトラルカの傑作『カンツォニエーレ』、ボッカチオの『デカメロン』はイタリア語で。百年戦争を記したフロワサールの『年代記』はフランス語で。チョーサーの『カンタベリー物語』やウィクリフの翻訳聖書は英語で。これらの偉大な文学作品はすべて十四世紀の産物でした。

教皇のバビロン捕囚

普遍的な価値の後退による最大の犠牲者は、なんと言ってもこの時代の教会でした！　これまで教会が理想としてきた「キリスト教社会」や「キリスト教普遍文化」が崩れつつあるなかで、その理想の推進者であった教皇庁自体が暗闇の森に低迷していました。

ヨーロッパ中の教会にショックを与えた出来事は、アナーニの屈辱（一三〇三年）、アヴィニョン捕囚（一三〇九～一三七七年）、教会大分裂（一三七八～一四一五年）の三つでした。

前章で、教皇至上権の主張が行き着いたところを、ボニファティウス八世の回勅「ウナム・サンクタム」（一三〇二年）と見ました。この主張に真っ向から対立したのがフランスのフィリップ四世（在位一二八五～一三一四年）です。彼に対する破門宣言を準備していた教皇に、彼は傭兵を送り、アナーニで教皇を捕らえて屈辱を加えました。手荒な処遇にショックを受け、健康を害した教皇は間もなく死没。教皇グレゴリウスが皇帝ハインリヒを破門し、カノッサで屈辱を加えたあの事件（一〇七七年）とは、今や立場が全く逆になったのです。

勢いを得たフィリップは、さらに教皇庁に支配の手を伸べ、フランス人をクレメンス五世（在位一三〇五～一三一四年）として教皇に立てました。そのうえ一三〇九年には、彼の影響下にあるア

ボニファティウス8世

フィリップ4世

ヴィニョンにローマより教皇庁を移させたのです。この前代未聞の出来事が約七十年続いたため、旧約の選民の捕囚期七十年にちなんで「教皇のバビロン捕囚」とも呼ばれます。もちろん、この間に立てられた教皇はすべてフランス人！

一三七七年、その一人グレゴリウス十一世（在位一三七〇～一三七八年）は、フランス王とフランス人枢機卿多数の反対を押し切ってローマに復帰しました。しかしこれが翌年大事件に発展。不承知のフランス勢力は、アヴィニョンに対立教皇クレメンス七世を擁立したのです。ローマとアヴィニョンはヨーロッパの世俗権力を二分して味方につけ、泥沼の対立に陥りました。

しかし、問題の核心は教皇庁の所在地ではなく、教皇庁に代表された教会の堕落でした。捕囚期の作と言われる詩篇一三七篇は選民イスラエルの悲痛な叫びです。

「バビロンの川のほとり
そこに私たちは座り
シオンを思い出して泣いた。」（一節）

教皇のバビロン捕囚では、シオンやエルサレムが象徴する理想の教会を求める叫びは、教皇庁からは聞かれませんでした。教会があまりにもバビロンと同化してしまったからです。自尊心・敵対心・嫉妬・欲ばり・おごりなど、当時のスコラ学者が「聖霊に対する六つの大罪」とか「七つの死に値する罪」とか呼んだものが、教皇庁の中枢を占領していました。

教皇庁にとって金銭問題が最も深刻でした。ローマを離れた結果、大切な財政基盤であった教皇領は、イタリア諸侯に競って奪われてしまいました。このため、時には全財政のなんと三分の二が、失われた教皇領奪回のための戦費に使われたのです！

さらに、フランスやイギリスも自国内の教会財産を合法的に奪うことに懸命でした。イギリスなどは、教皇庁への上納金や献金が国外流出することをこの時代だけでも数回法律で禁じました。教皇庁の出費も増加の一途でした。アヴィニョンという新しい土地での組織づくり、フランス王宮の影響が強まるなかで、教皇庁のライフ・スタイルが華美となったこと等々。金銭が次第に教会を牛耳っていきました。

金銭にかけて非凡な才能の持ち主、靴屋の息子から出世したヨハネス二十二世（在位一三一六～一三三四年）は、今日のサラリーマン並みの給金制を教皇庁に導入しました。上納金も義務づけました。たとえば、新教皇の即位にはすべての聖職者が、また新主教着任の場合には新主教が、それぞれの一か年分の給料を上納しなければなりません。主教をタライ回し式に移動させることにより、教皇庁には労せずして莫大な財が築かれたのでした。

浪費家として知られたクレメンス六世（在位一三四二～一三五二年）は、教皇庁を財政本位に改組しました。中枢的な財務局には、皮肉にも、使徒局の名が付けられました。回勅「ウニゲニトゥス・デイ・フィリウス」（一三四三年）の発布によって免罪の教理を前進させたのも、この教皇でした。キリストと聖人たちの無尽蔵とも言える功徳を教会は保管し、教皇は、罪の免除にあてるためそれらを意のままに配分できる、と彼は主張しました。この制度の大掛かりな活用により、一三五〇年の、ローマ巡礼者に特別赦免を与える「聖年」には財政は大いに潤いました。そしてついには、フランス国王が百年戦争の経費のため巨額の借財をするまでになったのでした。

今や、華美な宮殿の建ち並ぶアヴィニョンはヨーロッパの宗教のみならず、政治・財政から文化や快楽までのセンターと化しました。自ら主教や教皇使節を務めたことのあるイタリアの詩人ペトラルカの激しい言葉は、誇張や偏見とは言い切れません。

「不敬虔なバビロン、地上の地獄、悪徳の巣窟、この世の下水道。そこには信仰、愛、宗教、神への恐れの片鱗もない。」

「リフォルマツィオーネ」

霊的な堕落・低迷は全教会的現象となりました。十世紀のクリューニー以来改革の原動力であった修道院制度も例外ではありません。そこに単発的な改革の叫びはあっても、前世紀のような大運動には発展しませんでした。清貧を理想としたフランシスコ会でも、現実的な穏健派が主流となり、「霊的」と呼ばれた厳格派は締め出されていきました。

特筆すべき改革者と言えば、皮肉にもひ弱な女性、シエナの聖女カタリナがいました。十六歳でドミニコ会修道女となり、三年間の黙想生活、病人や罪人への奉仕に徹底。二十歳あまりの一修道女は、キリストと教会に対する純真な愛に動かされ、教皇・高位聖職者・諸侯などに、面と向かっては非難し、切々とした手紙を送っては改革を訴えました。読み書きができないために口述筆記に頼り、しかも素朴なイタリア語で記されたそれらの手紙には、リフォルマツィオーネ（改革）の言葉があふれています。

一三七七年、自らアヴィニョンに旅したカタリナの熱心は、ついに教皇グレゴリウス十一世を説得し、ローマ帰還を実現させました。しかしそれも束の間、翌年の教会大分裂の悲報に心を痛めた彼女は、祈禱と断食に専心し、改革を願いつつ三十三年の生涯を閉じます。

さらに、より手厳しく徹底した批判や改革の提案、おもに在野の声も聞かれました。そこには、後の十六世紀の宗教改革の地鳴りすら響いていました。

イタリアのマルシリウスとイギリスのオッカムは学者の立場でアヴィニョン教皇を攻撃し、いずれも追放・破門の憂き目に遭いました。世俗君主の保護のもとではありましたが、マルシリウスは、中世があかしした最も挑戦的な教皇批判『平和の擁護者』（一三二四年）を記し、オッカムは、厳格なフランシスコ会の立場から改革を提唱。主眼点は、教会の世俗的関心や野心を捨て、本来の霊的使命に復帰することでした。

オランダのフローテは後の「共同生活兄弟会」の創設者で、その生涯はトマス・ア・ケンピスの筆になる伝記で知られています。悔い改めの説教、聖書を読みまた筆写することを通して、「新しい敬虔」の気風を起こしました。後にこの伝統の中から名著『キリストに倣《なら》いて（イミタティオ・クリスティ）』が誕生します。

そして、最も急進的な改革者ウィクリフの登場。オックスフォード大学で教え、牧会にも従事していた彼は、教会大分裂を機に一連の著作で教会を攻撃します。堕落した教会を「サタンの会衆」、教皇を「反キリスト」と呼び、真の教会を「神に選ばれた者の交わり」とし、その霊性や道徳性を強調しました。そして聖書の権威のみが教会にとっての最高規範とし、聖書翻訳を行いま

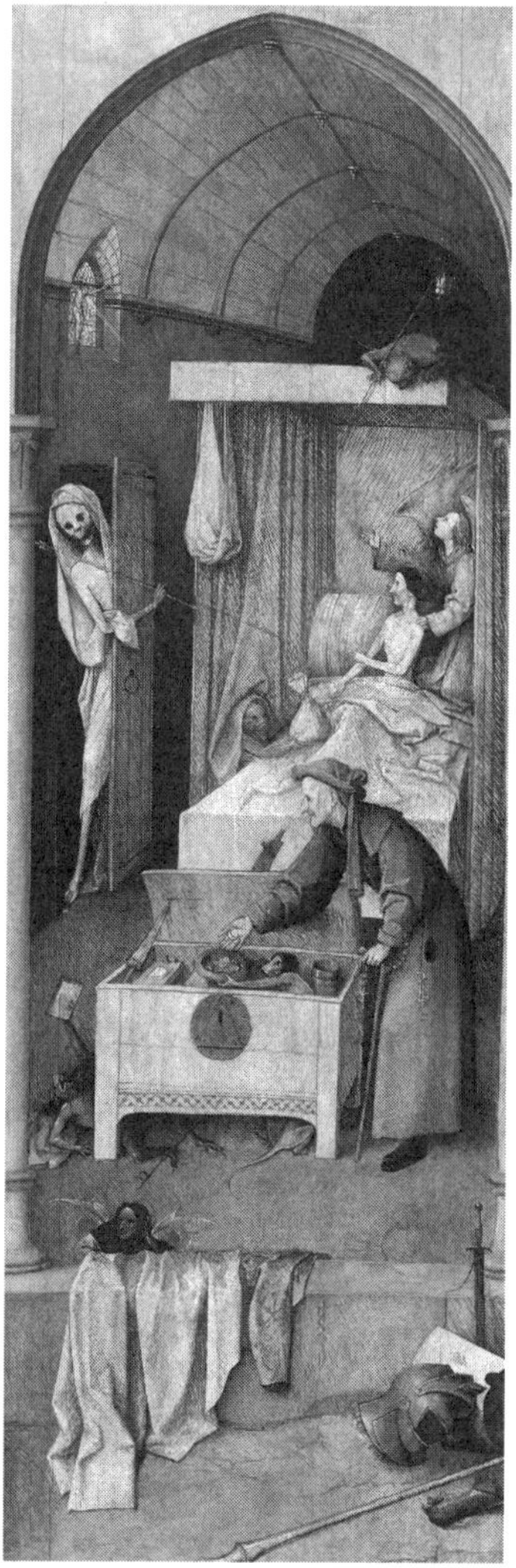
「守銭奴の死」ヒエロニムス・ボッシュ
（1485-1490年頃製作）

した。異端者とされましたが、十六世紀宗教改革の先駆者とも呼ばれます。

東方世界でも十四世紀は低迷の時代でした。東ローマ帝国はコンスタンティノポリス陥落と帝国滅亡（一四五三年）を目前にし、教会にも活気が失われていました。

それにも増して暗闇の色濃いのが、西方教会の命運です。一三五〇年前後にヨーロッパ全土を襲い、多数の命を奪った黒死病（ペスト）は黙示的でした。それは死の恐怖を人々に教え、ある者には悔い改めの機会となりました。

前頁のカットは、この暗闇の時代が十五世紀に生んだボッシュの作品。死の矢を病人に射かける小悪魔どもと、高窓のキリストの十字架像から差し込む一条の光（左上）を仰いで病人を励ます天使の姿が対照的です。暗闇の森の中に差し込む一条の恵みの光……。

ウィクリフ聖書

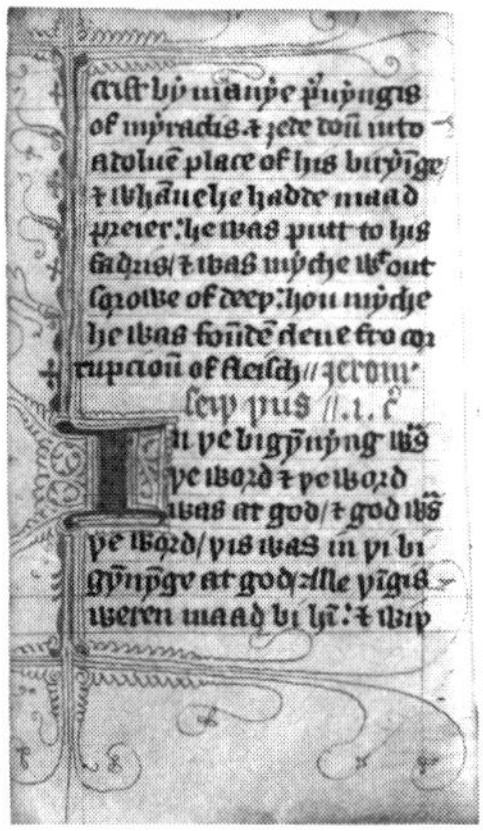
crist bi manye þingis
of myraclis & jede doun into
a dolue place of his biriynge
& whanne he hadde maad
preier: he was putt to his
fadris / & was myche wiþout
sorowe of deeþ: hou myche
he was founden clene fro cor
rupcioun of fleisch // Jerom
seiþ þus // .i. c
In þe bigynnyng was
þe word & þe word
was at god / & god was
þe word / þis was in þe bi
gynnynge at god: alle þingis
weren maad bi him: & wiþ

ヨーロッパの印刷文化において十四世紀は谷間にある。紙は前世紀に導入され、グーテンベルクの活版印刷術の発明は次の世紀。

ウィクリフは晩年の日々を、オックスフォードの後輩の協力を得て、英訳旧新約聖書の完成（一三八二年）に注いだ。新約は彼自身の訳と言われる。

それに先立つ一三七八年、『聖書の権威』を著し、聖書がすべての信仰者の最高権威、信仰と生活の唯一の源泉とした。初期ウィクリフ聖書の手書き写本（カット）には、グーテンベルクの「四十二行聖書」の洗練された美しさはない。しかし、「ただ聖書のみ」という宗教改革の気迫に満ちている。

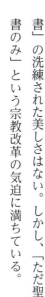

紀元十五世紀——再生に賭ける教会

十五世紀の幕明けには、さしたる光明は見られません。そこには、前章で見た「暗闇の森に迷う教会」の姿がありました。二人の教皇の対立という教会大分裂（一三七八〜一四一五年）の真っ最中。しかも、十世紀以来中世教会に霊的活力を注ぎ続けてきた修道院運動も、その力を使い果したかのように、無気力に低迷していました。中世キリスト教の終末の色合いは濃厚でした。

当然、改革による教会の再生がこの世紀の急務です。象徴的なことに、世紀の幕明けの一四〇一年、ボヘミア（今日のチェコスロバキア）のヤン・フス（一三七〇頃〜一四一五年）がプラハのベツレヘム教会の説教者となりました。その講壇から、当時の教会が耳にした最も厳しいローマ教会批判と急進的な改革が提唱されたのです。しかし世紀が進むにつれて、改革の理念も抜本的なものであるよりは、単なる「改善」を意味するようになりました。

この世紀の教会が後世に残した霊的遺産の一つは、一般にトマス・ア・ケンピスの作と言われる『キリストに倣《なら》いて』です。「全生活の改善」と題する一節。

「多くの人の霊的改善を妨げている一物がある。それは、霊の戦いにおいて自己の遭遇する困難を恐れることだ。」

再生に賭ける十五世紀の教会の姿は、「困難を恐れる」あまり、抜本的な改革に失敗した教会のそれです。

中世の秋

十五世紀は過渡期です。そこには、中世一千年の歴史が自然にたどり着いた終末がありました。また、新時代を告げるもの、後にルネサンスや宗教改革と呼ばれる運動の芽生えもありました。いずれにしろ、奇妙に暗と光とが交差した時代だったわけです。

オランダの歴史学者ホイジンガは、西方におけるこの終末現象を「中世の秋」と呼びました。そこには、盛りを過ぎた中世の衰退とともに完成がありました。この時代の精神には、悲観的な倦怠感と、新しい創造に対する期待が混じり合っています。物思いに沈む、メランコリーという言葉が、この精神をよく表現すると言われます。

次頁のカットは、十五世紀から十六世紀にかけて活躍した版画家アルブレヒト・デューラーの作品『メランコリア』（一五一四年）です。高度の知性と創造的資質を体現する翼を生やした女性が、物思いにふけっています。創造のための諸道具を置いたまま……。しかしほおづえをつき、夜

「憂鬱」を擬人化した、アルブレヒト・デューラーの作品「メランコリア」。

空の遠くに輝く彗星を上目で見る彼女には、けだるい倦怠感のほかに創造的思索のひらめきをうかがうことができます。終末時代の精神の洗練されたシンボルと言えましょうか。

「中世」を経験していない東方のキリスト教世界も、一つの時代の終わりを迎えていました。しかも、メランコリーとは程遠い、東ローマ（ビザンティン）帝国の滅亡と東方教会の衰退という暗い結末でした。

一四五三年、オスマン・トルコ軍により、ついに帝都コンスタンティノポリスは陥落！　一千年を越える栄光の歴史に幕が下りました。最盛期には百万の人口を誇った帝都も、十一世紀ごろから商業都市としての重要性をイタリア諸都市に奪われ、一二〇四年には第四回十字軍による不慮の占領という大打撃をこうむりました。以来、衰退の一途をたどった帝国の滅亡は時間の問題でした。西方への再三の援軍要請も功を奏することなく……。

帝国と命運をともにする東方教会の姿は悲惨でした。すでにイスラム勢力の支配に下ったエルサレム、アンティオキア、アレクサンドリアの三総主教の座に、残されていた唯一の帝都の総主教の座、ギリシア正教の霊的支柱が仲間入りをしたのです。そのうえ、六世紀にユスティニアヌス大帝が創建し、「ビザンティン文化の華」ととなえられた聖ソフィア大聖堂、七千平方メートルの広さと高さ五十六メートルの円屋根を誇った大聖堂！　をはじめ、帝都の聖堂は、たった一つの例外を除き、すべてイスラム教のモスクとされてしまいました。ギリシア正教にとって、異教徒の支配下での十字架の長い道が始まったのです。

帝国の滅亡に対する責任の一端は、西方の無関心、とりわけローマ教皇の無責任にありました。一四二二年、教皇マルティヌス五世は、トルコ軍から帝国を救うという名目で、東西の両教会の合同を提案。一四三九年にエウゲニウス四世がビザンティン皇帝および東方教会代表を招いて開催したフィレンツェ公会議では、合同の条件として西方の主張が東方に強制されました。聖霊発生論の「フィリオクェ」とローマ教会の首位性の主張です。しかし、約束された西方からの援軍は実現せず、ついに帝都を救うことがありませんでした。

ローマは帝国の滅亡を冷ややかに見守りました。征服者モハメッド二世に対する賛辞こそあれ、東方キリスト教への哀悼の辞はついぞ聞かれることはなかったのです。その征服者に教皇ピウス二世（在位一四五八～一四六四年）は手紙を送り、「洗礼を受けなさい……。私たちはあなたを、ギリシア人の皇帝と呼びましょう。……ローマ教皇も、キリスト教諸侯に対するように、あなたを愛しましょう」と勧めるほどの無節操ぶりでした！

公会議主義

教会の再生のために、第一に名乗りを上げたのは、公会議主義者と呼ばれる人々でした。彼らは、教会の制度上の改革によって大分裂を終わらせようとしました。ジェルソン、アイイ、ニコラス・クサヌスらがその指導者です。

彼らの主張は明快でした。ローマとアヴィニョンに対立する二教皇は、教会を普遍的に代表し得ないので、国や主教区・修道院・大学などの単位から選ばれた代表者による公会議をもって代表させようとしたのです。この背後には、先に見たように、「個」が「普遍」に優先する、個別の教会代表者の公会議が普遍を代表し、教皇に優先する、という考えがありました。

ピサの公会議（一四〇九年）はこの考えを実践に移し、対立教皇を廃位させ、ピサに新教皇を立てました。しかし結果は失敗で、かえって三教皇乱立となりました。けれどもコンスタンツの公会議（一四一四〜一四一八年）は大成功。ローマ、アヴィニョン、ピサの三教皇をすべて退け、新たに新教皇を選出し大分裂を終わらせました。また、ウィクリフと、ウィクリフの教えをボヘミア

火刑に処されるフスを描いた絵画
（1500 年頃）

の教会改革に導入したフスを異端としたのもこの公会議でした。フスはその改革思想の取り消しを拒否して、一四一五年コンスタンツで火刑に処せられました。

コンスタンツでの実績に自信をつけ、いよいよ教会の内部改革に着手すべく、一四三一年バーゼルに公会議が召集されました。しかし、本来相いれない教皇と公会議との対立、世俗権力の介入などに会議は難航。一四四九年までという会期の長さに似合わず、実質的な改革は全く進まず、以後公会議主義の力は衰退していきます。「困難を恐れる」教会の姿が暴露されてしまいました。

振り返って見れば、臆病風を吹かす公会議主義に比べて、フスの改革の大胆さが印象に残ります。フスはボヘミアの貧農の子として生まれ、後にプラハ大学教授や総長を歴任し、影響力の大きいベツレヘム教会の説教者として、ローマ教会の腐敗を攻撃し、聖書に基づく改革を提唱しました。そしてローマからの二度の破門にも屈せず、四十代半ばの働き盛りの生命を燃やし尽くすようにして殉教します。真の教会の再生に生命を賭けたフスこそ、次の十六世紀の「宗教改革の先駆者」の名にふさわしい生涯でした。ちなみに、宗教改革者として目覚めた後のルターは一五一九年のライプチヒ討論で、「自分は識《し》らずしてフスの弟子であった」と認めたほどです。

ルネサンス

ルネサンス（文芸復興）は文字どおり、フランス語で「再生」を意味します。十四世紀から十六世紀にかけて、おもにイタリアに見られたギリシア・ローマ古典の復興を、近代の学者が呼んだものです。もっとも、これは本来、教会の再生であるよりは、古典に見られる人間性の再生を意図した運動で、この人間性尊重の精神をフマニスム（人文主義）とも言います。

すでに、十四世紀のペトラルカやボッカチオは古典研究を重視しました。十五世紀に入ると、フィレンツェ、ローマ、ミラノ、ナポリなどの都市にフマニスト（人文主義者）たちが登場。人間の基本的な生き方と関連した文法・修辞学・歴史・詩学・倫理学などの人文学や、古典の精神から建築や美術を探究することが盛んとなりました。ヴァッラ、フィチーノ、ミランドラ、ポンボナッツィ、フラ・アンジェリコなどが活躍します。

フマニスムは、ありのままの人間を肯定する現世的・人間中心的な精神ですから、当然、神中心で、この世を仮のものとした中世教会の権威や教会の腐敗に対しては批判的でした。たとえば、ヴァッラは『コンスタンティヌス寄進状考』（一四四〇年）を著し、教皇の世俗的権力を歴史的に根拠づけたとされる寄進状が後代のでっち上げであることを証明しました。こうして、フマニスムは少なくとも、中世教会に対する批判的精神を培いました。

ルネサンスがスペイン、フランス、イギリス、オランダ、ドイツと北上するにつれ、次第に教会の再生と直接結びつく運動となってきました。それは、聖書・聖書言語（ヘブル語、ギリシア語）・教会教父などキリスト教古典の研究が盛んとなったからです。さらに、古典に見るキリスト教の原初の姿とこの時代の教会との比較は当然、現状の改革と原初の再生という考えを生んできました。北方ルネサンスのフマニストの多くは、教会の腐敗に対する批判者、改革の提唱者でした。中でも、スペインの枢機卿ヒメネス、フランスのルフェーヴル・デタープル、イギリスのコレット、ドイツのアグリコラ、そして最大のフマニスト、オランダのエラスムスは代表的人物です。

「今のところ、何の役にも」

フマニストたちの貢献もあり、聖書が次第に教会や信仰者のあり方に影響をもつようになりました。とりわけ、改革の焦点がキリスト者生活の実践的改善であったことがこの時代の特徴でした。

先に見た、フローテに端を発する共同生活兄弟会はその良い例です。オランダのヴィンデスハイムの修道会を中心として、ブッシュ、ア・ケンピス、ビールなどのすぐれた指導者に恵まれ、信仰の確立と霊性の高揚が図られていました。この会は、巡回の宣教師にたびたび説教することを命じ、次の注意を加えました。

「説教では、敬虔な者につまずきとなるむだ話を避けよ。むしろ、旧約と新約の聖書から簡明にわかりやすく説教せよ。まずテキストを自国語で説明し、一節ごとに解説を加えよ……。」

当時の文学者のクサヌス、アグリコラ、そしてエラスムスもこの会の流れの学校で教育を受けました。

もう一つの例は、フィレンツェの改革者・説教者サヴォナローラ。ドミニコ会修道士・神学者として市に招かれた後、同市の道徳的腐敗を厳しく批判し、その滅亡を警告しました。その後三年以上、市の支配者となり、神権政治を施行し、彼の理想とした、聖書が律法となるキリスト教国の実現を図ります。そして悪徳・賭博・低俗な娯楽などを廃止し、公徳心を高めようとしましたが、反動勢力により失墜させられました。一四九七年、教皇アレクサンデル六世の説教禁止命令に不服従などの科で破門され、翌年火刑に処せられました。ルターは彼を宗教改革の先駆者と見なしましたが、神学や教理の上では彼は忠実なカトリック教徒であったと言えましょう。

グーテンベルクの活版印刷術の発明は、聖書をより広い階層の人々に広めました。それで自国語の聖書も数多く印刷され始めました。たとえば、最初のドイツ語聖書（一四六六年）からルターの聖書（一五二二年）が現れるまでに、十四のドイツ語聖書が印刷されています。

サヴォナローラの肖像画
（1498 年頃）

しかしながら、聖書が一般信仰者の手に広く渡ったわけでも、よく理解されたわけでもありません。一般に、十五世紀末の宗教的状況は、教会の再生とはかなり掛け離れたものであったと思われます。その状況をエラスムスの『痴愚神礼賛《ちぐしんらいさん》』（一五一一年）は鋭く描写しています。エラスムスが描く痴愚神は、人間精神が真実よりうそによって捕らえられるとし、説教があるときの教会の様子を記します。説教者がまじめな話をすれば聴衆は眠ったり、あくびをしたり。しかし、おとぎばなし風の聖人の話には、聖ペテロ、聖パウロ、主キリストの話の場合よりたくさんの信者が集まる、と。

そして、痴愚神の次の言葉は暗示的です。

「しかし、こんなことを述べても、今のところ、何の役にも立ちませんね。」

中世の終末は、中世一千年の長い歴史にふさわしくない幕切れを示唆していました。ヨーロッパ西方世界はいまだ眠りから覚めず、教会においても、相変わらず聖書の光に照らされない暗闇があります。しかしそこにも、地中海東部を通らずに、喜望峰を迂回してインド航路を発見した（一四九八年）バスコ・ダ・ガマや、アメリカ新大陸を発見した（一四九二年）コロンブスが登場しました。

教会でも、ちょうど日の出前の明星のように一四八三年にルターが、その翌年ツヴィングリが、そして一四九七年メランヒトンが誕生していました。十六世紀のヨーロッパの激動と拡大という嵐の前の静けさでしょうか……。

印刷本

グーテンベルク印刷機のレプリカ
（スペイン、バレンシア博物館）
〔写真・Wikipedia〕

中世末期西欧の三大発明は火砲・羅針盤・活版印刷で、いずれも起源は中国であった。中でも、聖書の印刷で知られるグーテンベルク（一四六八年没）の金属活字印刷は教会改革の前進に貢献した。

古代教会の名説教家クリュソストモスは「信徒も魂の薬である聖書を手に入れよ。余裕がなければ、せめて新約聖書だけでも」と訴えた。紙もなく、手筆写の聖書が法外に高価な四世紀のことであった。

手写本に比べ、印刷本は約十分の一の値段になったが、それでも「一冊、金貨一枚」と言われた。ちなみに、南アフリカのクルーガー金貨（一オンス）は時価約三十万円以上である。

聖書をはじめ、本が金の値打ちをもっていた時代であった。

紀元十六世紀——宗教改革の教会

「夕暮れ時に光がある。」

旧約最後の預言者の一人ゼカリヤの預言（一四・七）です。

先に、教会改革による再生に賭けた十五世紀の教会のたどりついたところを、あきらめと期待の入り混じった「メランコリー」と見ました。エラスムスの『痴愚神礼賛』の表現を借りれば、「今のところ、何の役にも立ちませんね」という心境でした。

コンスタンティノポリス陥落以降の東方教会の十六世紀には、全般的な衰退現象は見られたものの顕著な動きはありません。むしろ、西方教会が引き続き、時代の主役を担うことになります。これまでの西方教会では、教会の制度、悪い習慣や行き過ぎ、教職者の品行など、どちらかというと倫理・実践面で改革が叫ばれてきました。カトリック教会の宗教そのもののあり方や基本的教理の是非は、例外的にしか問題にされませんでした。もっとも、使徒ペテロの権威を帯び、中世一千年の伝統を誇るローマ教会の根本を問題とするほうが異常だったのです。

ところが、この教会の伝統と真剣にまた忠実に取り組んだため、かえってそれを根底から覆してしまった人物が登場しました。「従順な反逆者」とも呼べるこの者がマルティン・ルター（一四八三〜一五四六年）です。

中世の夕暮れ時に現れた光、これがルターに端を発する宗教改革です。それは、キリスト教会が始まって以来の一大変革でした。確かに、その影響は主として西方教会に限られてはいましたが、その意義は、四世紀のローマ帝国によるキリスト教公認にも匹敵するものがありました。中世キリスト教のあり方に決定的な修正を加え、近世の幕明けを告げたと言えましょう。

「神の義」

大変革期の幕明けにふさわしく、一五〇五年ルターは、落雷に打たれて大転身します。神の怒りを見、死の恐怖におののく二十一歳のドイツ青年は献身の誓いをし、将来が約束された法律の学びを捨てて修道院に飛び込みました。こうして、偏屈なまでにまじめに魂の救いを求める修道僧が誕生したのです。

教会はそれまで、魂の救いには神の恩恵だけでは不十分で、それに加え人間の善行が必要であると教えてきました。救いに必要な量の善行が功績として神に受け入れられたその時、罪人に対して怒る義の神は、恵み深い愛の神になるというのです。

「いかにしたら私は、恵み深い神を私のものに……」と始められたルターの修業は、失敗の連続でした。極度の難行苦行により、恐るべき神の尊厳さと罪深い人間の惨めさは明らかにされますが、恵みの神の片鱗すら発見できません。この迷路の中で「そのような義の神を私は憎んだ」と彼は述懐しています。

内省的なルターをこの迷路から救い出したのは、先輩から勧められた聖書の学びでした。熱心なルターは、一五一二年に聖書学で博士号を受け、翌年からは新設間もないヴィッテンベルク大学で詩篇、ローマ書、ヘブル書、ガラテヤ書を次々と講義しました。この聖書研究が彼を新しい福音理解へと導いたのです。その核心は「神の義」、しかも「の」の解釈でした。

「福音には神の義が啓示されていて、信仰に始まり信仰に進ませるからです」（ローマ一・一七、傍点著者）。

従来カトリック神学は、「神の義」の「の」を主格的に神がもっておられる義、すなわち「神が義であり、それにより罪人を裁く義」と理解しました。しかし、ルターはこの「の」を目的格的に解釈し、「神が不義である罪人を義と認める義」と理解しました。もはや、罪人は善行を積んで義人とならなくてよいのです。そのままの状態で、神の義認の恵みを信仰によって受ければ十分です。信仰義認の教理に到達したルターはついに、恵み深い神を発見！

信仰義認論という一点から、ルターの改革のすべてが派生すると言っても過言ではありません。

功績の安売りにほかならない免罪符に抗議した「九十五箇条提題」（一五一七年）。怒る神をなだめるミサ・聖人崇拝・修道院制度などへの攻撃はついに、功績の教理の上に建て上げられたカトリック教会そのものの否定へとルターを導きました。ゴシックの大聖堂のごとき中世カトリシズムは、その根底から大きく揺らいだのです。

一五二一年、ルターはカトリック教会から破門され、神聖ローマ帝国からも異端と断定されました。教会からは神の救いより除かれ、俗権からは法律の保護外に置かれたわけです。しかし、ローマの搾取に対するドイツの国民感情やザクセンの選帝侯フリードリヒなどの援助によってルターの改革は、聖書のドイツ語訳、修道院の廃止と進展し、そしてルター派教会を形成していったのでした。

マルティン・ルター

新教会の基本姿勢は、みことばに対する楽観主義です。ルターの協力者メランヒトンの起草になる「アウグスブルク信仰告白」（一五三〇年）は新教会の基本理念を表明しましたが、教会を、「そこで、福音が純粋に教えられ、聖礼典が福音に従って正しく執行せられる」ところとしました。またルター自身の筆になる「シュマルカルト条項」（一五三七年）は、教会が神のことばを聞く者の群れであることを「ほむべきかな。

七歳の小児もこれを知っている！」と断言しました。福音が語られさえすれば、教会は形成されるという驚くほどの楽観主義が、ここにうかがえます。

旧新両教会の長い対立の末、アウグスブルク講和（一五五五年）によって、ドイツのルター派教会は公認され、プロテスタント君主の領邦で教会が形成されました。さらに、十六世紀末までに、デンマーク、スウェーデン、アイスランドがルター派に改宗したのでした。

「センペル・レフォルマンダ」

プロテスタント宗教改革は、ルター以外にもいくつものルーツをもった大運動でした。中でも、聖書により徹底した改革を目ざす「改革された《リフォームド》」とか、指導者のツヴィングリやカルヴァンの名で知られる教会もその一つです。地理的にはスイスに始まり、フランス、オランダ、スコットランドなどに浸透したもので、教会政治では長老制度を採用しました。この伝統の中から、教会は聖書に基づき「常に改革され続けられねばならない」（センペル・レフォルマンダ）というスローガンが生まれました。

ルターに遅れること約二か月の一四八四年一月一日、東スイスに生まれたツヴィングリはチューリヒの改革者となりました。彼はカトリック司祭としてスタートしましたが、次第に聖書研究に没頭し、聖書をより大胆に説教し始め、ルターと前後して新しい福音理解に到達します。

ルターにとっての「神の義」の新発見に相当する体験は、一五一九年チューリヒに赴任した後、当時流行したペストにかかって死線をさまよった時でした。

チューリヒ宗教改革はツヴィングリの説教から始まりました。マタイの福音書一章一節から連続して講解された説教は、「ただ聖書のみ」の原則を教会に呼び覚ましたのです。実質的には一五二二年より導入された改革のきっかけは、なんとソーセージ事件……。イースター前の四旬節《レント》の期間に肉食を禁じたカトリック教会の習慣の是非をめぐって、聖書が明らかに命じ、また禁じること以外、何もキリスト者を拘束しないと主張されたのです。

フルドリッヒ・ツヴィングリ

ツヴィングリは、一五三一年、帯剣従軍牧師として参戦し、カトリック軍に敗れ、殺されました。改革者としての短い、しかも壮絶な生涯でした。

チューリヒのツヴィングリとブリンガー、バーゼルのエコランパディウス、ストラスブルクのブーツァーなどの改革が一段落した一五三六年、ジュネーヴに登場したのが二十七歳のフランス人カルヴァン（一五〇九～一五六四年）です。彼は第二世代の改革者として、旧約の雅歌と新約の黙示録以外の全聖書の注解書や、組織的な『キリスト教綱要』（一五五九年）をもってプロテスタント神学の大成を試みました。

カルヴァンの改革理念は、神のみこころを反映する聖書に徹した実践的キリスト教の確立です。「信仰＝服従」と理解し、「私の抑えられ、つなぎとめられた意志と感情を神への服従としてささげます」と言っています。ジュネーヴを神のことばの支配する社会とすることが彼の理想でした。

カルヴァンの影響は、オランダの改革派教会やジョン・ノックスが活躍したスコットランドの長老教会に見られます。とりわけ、彼の母国フランスの改革派教会の形成には彼自身直接関与しました。教職者をジュネーヴで養成し、フランスに潜入させるという手段で……。しかし、旧教の牙城《がじょう》フランスでの教会形成は困難を極めました。宗教戦争（一五六二～一五九八年）下では「十字架の教会」のイメージが濃厚でした。聖バルトロマイ祭日の虐殺（一五七二年）では、「ユグノー」と呼ばれた新教徒約二万人が殺されました。そして、ナントの勅令（一五九八年）により、ようやく新教は容認されます。

一方、イギリスの宗教改革は、国王ヘンリー八世（在位一五〇九～一五四七年）が離婚問題をきっかけにローマと断交するという政治色の強いスタートを切ります。議会の支持を得たヘンリーは一五三四年の「首長令」をもって、自らイギリス教会の首長と宣言し、ここに国教会（聖公会）が発足しました。その後、その子エドワード六世と次のメアリ一世の時代に動揺はありましたが、女王エリザベス一世（在位一五五八～一六〇三年）に至り国教会は確立され、一五六三年の「三十九箇条」（聖公会大綱）によりプロテスタント陣営に位置づけられたのでした。

このエリザベス朝の教会を「半分だけ改革された教会」として、より徹底した改革を提唱したのが清教徒《ピューリタン》たちでした。ジュネーブのカルヴァンやチューリヒのブリンガーの影響もあり、清教徒は、カトリック色が強く残る国教会の制度や儀式・主教（監督）政治などを非聖書的と攻撃し、改革を迫りました。彼らの「センペル・レフォルマンダ」の情熱は、次世紀の清教徒革命へと発展することになります。

「わたしの名のために」

宗教改革のもう一つのルーツは、今日「急進派」と呼ばれる運動です。ルター派やリフォームド改革と関連して登場したのですが、それらよりもさらに急進的な改革を提唱しました。

急進派には幅広い運動が含まれます。トマス・ミュンツァーに指導され、農奴制の廃止や村落の自治など大幅な社会変革を求め農民戦争（一五二四〜一五二五年）を起こした人々から、三位一体論を否定し、後にジュネーヴで火刑に処せられたセルヴェトゥスや、聖書の最終的権威を否定した聖霊主義者まで多様です。しかし、これらの運動が革命的であったり、個人主義的であったりして永続きしなかったのに対して、教会形成を主眼とした根深い運動を展開したのが、急進派の主流、再洗礼派《アナパプテスト》でした。その起源はツヴィングリのチューリヒ改革との関連までさかのぼります。

再洗礼派は、ルターやツヴィングリと同じ「ただ聖書のみ」の原則に立ちます。しかし、当時のキリスト教社会ではだれもが受けた幼児洗礼を新約聖書に根拠づけられないものと否定し、再度、成人洗礼を受けなければならないと主張しました。そのためこの名が付けられたのです。当時の社会の基本法である「ユスティニアヌス法典」が再洗礼を反社会的犯罪としたため、旧・新両教会から迫害を受けました。

迫害と殉教の中で、スイス兄弟団、フッタライト、メノナイトなどの共同体が形成されました。彼らの高尚な理想は、「聖なるもの、傷のないものとなった栄光の教会」（エペソ五・二七）を地上に実現することでした。この理想のゆえに、再生し、聖められた者のみが教会に入り得るとし成人洗礼が主張され、聖くなくなった者を群れから排除する破門が厳しく執行されました。また政教の峻別《しゅんべつ》の主張のため、公民義務と見なされていた様々な宣誓行為や軍務も拒否されました。彼らの愛した聖句の一つは、主イエスの次の約束であったと言われます。

「わたしの名のために、家、兄弟、姉妹、父、母、子ども、畑を捨てた者はみな、その百倍を受け、また永遠のいのちを受け継ぎます」（マタイ一九・二九、傍点著者）。

カトリック宗教改革

宗教改革の進展につれて、カトリック教会内にも改革を求める声が起こりました。しかし、肝心の教皇庁は事の重大さに目が覚めず、決定的な遅れをとりました。ルターを破門したレオ十世（在位一五一三～一五二一年）はメディチ家出身のルネサンス教皇らしく、宗教には無関心で、聖ペテロ寺院建築の資金集めに熱心。その従兄弟クレメンス七世（在位一五二三～一五三四年）はラファエロやミケランジェロのパトロンとして知られ、その改革に対する優柔不断がプロテスタント宗教改革を助長したと言われています。

ようやく改革のための会議が召集された時は、旧・新両教会の溝は越えがたいものになっていました。トリエント公会議（一五四五～一五六三年）は対抗宗教改革としての性格を帯び、中世のカトリシズムが全面的に肯定されました。

イグナティウス・デ・ロヨラ

対抗宗教改革の旗手を務めたのがイエズス会でした。スペインの貴族出身のイグナティウス・デ・ロヨラは、戦争で負傷して騎士道を断念し、修道に専心しました。当初、ロヨラは聖書解釈、祈り・黙想、信仰生活の基本などの徹底を明示した手引書『霊操』を著し、同志を募りました。後に、教皇への無条件服従、異教徒への宣教や病人への奉仕を誓い、イエズス会を創設し、一五四〇年に教皇認可を受け、宗教改革期の新しい戦闘的修道会としてカトリック教会の歴史に影響を及ぼすことになります。創設時のメンバーの一人がフランシスコ・ザビエルです。彼は海外宣教に献身し、インドを経て日本に到来（一五四九年）しました。その五十年後の日本には数十万のキリシタンがいました。

改革に明け、改革に暮れた激動の十六世紀。西方教会は旧教と新教に二分されて対立。新教もルター派、リフォームド、イギリス国教会、急進派と細分化。カトリック教会は、地動説を唱えたコペルニクスの『天体の回転について』を禁書に（一五四三年）。カルヴァンの没年（一五六四年）にガリレオ誕生……。中世キリスト教社会が音をたてて崩れ、近世の教会史が静かに開かれていきました。

自我

中世は、全体の中に自我を埋没させた時代。宗教改革は「神の御前に」自我を発掘し、近世を開いた。一五二九年、神聖ローマ帝国シュパイエル国会で「抗議する者（プロテスタント）」の名称が誕生。ルター派諸侯が国会に抗議したからである。

大カトリック教会に抗議した改革者に近世的自我の目覚めが見られる。「いかにしたら私は、恵み深い神を私のものに……」と悩んだルターに。そして、カルヴァンのモットー、「私の心をあなたにささげます、主よ。速やかにかつ真心を込めて」に。（カットは十七世紀のカルヴァン記念メダル裏面。モットーのことばとともに、右手の上に神にささげられたハートが描かれている。）

この自我は、デカルトの「我思う、ゆえに我あり」に見られる「神の御前」抜きの近代的自我とは根本的に異なる。

紀元十七世紀——巡礼者の教会

「夢を見ると、これはなんと、ひとりのボロをまとった男が、自分の家に背を向け、手に一冊の書物を抱え、重荷を背負って、とある所に立っていた。」

信仰の自由のため、イギリス、ベッドフォードの獄舎で長年生活したジョン・バニヤンの名著『天路歴程』（一六七八年）の書き出し、クリスチャン旅立ちの光景です。もともと、「この世より来るべき世への巡礼の旅」と題されたこの書は、天国を目ざして巡礼するクリスチャンが経験する試練や苦難の道程を描いたものです。十七世紀のキリスト教会の姿を、この主人公の姿と二重写しにして、「巡礼者の教会」ととらえることにしましょう。

先の宗教改革時代は教会にとっては新時代でした。同時に、それがキリスト教的社会を前提とした改革であったことなど、そこには古いものも残っていました。むしろ、教会が新しい時代、近世に決定的に生きることを余儀なくされ始めたのは、この十七世紀でした。

まず、中世的な一枚岩的なキリスト教社会が決定的に崩れて、新しい「教会と国家」の関係が現実となりました。もはや、中世のカトリック教会のような「二振りの剣」論は適用しません。

逆に、イギリスやフランスのように「王権神授説」を振りまわす専制君主が台頭し、中央集権化を進め、絶対主義の国家が進展していきました。さらに、神を引き合いに出すまでもなく、自然法に訴えて絶対主義を弁護するオランダの国際法学者グロティウス（一五八三～一六四五年）や、主著『リヴァイアサン』で知られるイギリスのホッブズ（一五八八～一六七九年）も現れます。また、中世の遺物とも言える神聖ローマ帝国からは、オランダやスイス、後にオーストリアなどが独立国家となりました。

この新時代では、国は宗教よりも国家利益を優先させ、世俗化の進む社会にはキリスト教的価値観は浸透しにくくなり、思想は信仰から独立して歩み始めます。「社会はキリスト教的であり得る」と過去一千年以上確信し続けてきた教会は、そのような安全な過去に背を向け、未知の、試練に満ちた近世の旅を巡礼者として歩き出しました。「ボロをまとい」、「手に聖書を抱え」、「重荷を背負って……」。

『天路歴程』のカット

最後の宗教戦争

『天路歴程』の巡礼者は「ボロをまとって」旅立ちました。中世と宗教改革時代の終わりを告げ、実質的な近世の幕明けとなった三十年戦争（一六一八〜一六四八年）後の教会の姿も、巡礼者のそれと似ています。

三十年戦争はドイツを中心舞台として、ヨーロッパ諸勢力のほとんどを巻き込んだ宗教戦争でした。最初は、ボヘミアのプロテスタントがカトリックの圧迫に対してプラハで武力蜂起した地域的な戦いでした。これに宗教上の熱心や憎しみも手伝って戦乱はエスカレートし、ついに全ヨーロッパを旧教と新教で色分けして対立した宗教戦争となりました。つい百年ほど前まで、一つの教会、信仰の家族同士であった者の間での戦い。中世の西方教会を大きく包んでいた衣は、ズタズタになってしまったのです。

戦争の影響は絶大で、「荒廃」のひとことがすべてを語りました。とりわけ、戦乱の主要舞台となったドイツの被害はひどく、一説では、三十年間に人口が千八百万からほぼ半分の一千万に激減。道徳や宗教面での荒廃も驚くべきものでした。戦争自体は、旧・新教両派の手詰まりとなり、ウェストファリア条約（一六四八年）という妥協をもって終わります。しかし、ほんとうの敗北者はキリスト教会でした。

まず戦争の結果、キリスト教が社会全般に及ぼす影響は大きく減少。これが最後の宗教戦争と言われるように、世俗君主は、宗教を主要な理由として戦うことの無理に気づきました。これ以後、宗教ではなく世俗的関心が、国家や社会を動かす最大の力となります。ここに、四世紀のコンスタンティヌス大帝以来通用してきた確信、「キリスト教君主の務めは、正しい宗教の実践を保障すること」が大きく後退しました。

ちなみに、ウェストファリア条約に不満であった教皇インノケンティウス十世はその無効を宣言、旧教勢力の勝利へ向けて戦争続行を主張したほどでした。しかし、ヨーロッパの世俗君主はこの主張を一様に、冷ややかに無視しました。教皇の権威であっても、もはや例外ではなかったのです。

次に、カトリック教会とプロテスタント教会双方にとっても、三十年戦争は得るところの少ない、まさに浪費でした。戦いを終始優勢に進めた旧教勢力であっても、新教に奪われた全地域の奪回という野望を、ボヘミアやポーランド以外、達成できませんでした。また苦戦を強いられた新教勢力も生き残り、ドイツでは、ルター派に加えてリフォームド教会も公認されました。

この惨めな戦争は多くの人々に、教会に対する信頼を失わせ、次の十八世紀に台頭する啓蒙思想のような反キリスト教精神の温床を培うこととなったのでした。

正統神学

バニヤンの巡礼者は「手に一冊の書物を抱え」ていました。肌身離すことのない聖書です。「ただ聖書のみ」というプロテスタントの原則は、一方では聖書に忠実な神学の樹立を促しました。当然、神学者たちの聖書解釈の相違から、プロテスタント神学にも特徴あるいくつかの体系が生まれました。それぞれが正しい信仰・神学を主張し競い合った正統主義の全盛時代が、この十七世紀だったわけです。

ルター派教会はすでに一五七七年「和協信条」を制定して、その神学の大綱を定めていましたが、十七世紀の大神学者ヨハン・ゲルハルト（一五八二～一六三七年）は、九巻から成る『ロキ・テオロギキ』（一六一〇～一六二二年）を著して、ルター派神学の体系化を図りました。教会伝統の必要性を説くカトリックに対し、聖書には救いに必要なことがすべて含まれているとして、聖書を神学の唯一の原理としたのです。

バラエティーとバイタリティーに関してはリフォームドの神学は格別でした。すでにカルヴァンの『キリスト教綱要』（一五五九年）で一つの大成を見たのですが、この世紀では、特徴的な教理が強調されたり、新しい発展が見られたりしました。たとえば、オランダの改革派教会では、予定論をめぐってカルヴァン主義とアルミニウス主義が対立しました。「ドルト信条」（一六一九年）

は、カルヴァンの厳格な立場を正統と見なしました。アダムの堕落以前に、神はある者を救いに、他の者を滅びに定めたとする二重予定の教理です。

その反面、契約神学のような新しい発展も見られました。今日、「聖書神学」と一般に呼ばれる類のもので、神と人との「契約」という概念から、旧・新約聖書全般を歴史的・組織的に解明したものです。オランダで活躍したコッツェーユス、フランスのアミロー、イギリスのエイムズなどの神学者の貢献が目立ちます。

予定や契約の教理を発展させ、リフォームド神学の一つの大成を見たものに、「ウェストミンスター信仰告白」と大・小の「教理問答書」があります。清教徒革命の最中、一六四八年にイギリス議会が制定したもので、「清教徒神学の華」とも呼ばれます。

正統実践

「ただ聖書のみ」の原則は、他方で聖書に忠実な実践・生活のあり方を求めました。正統主義には正統神学《オーソ・ドクサ》とともに正統実践《オーソ・プラクシス》の側面が必要でした。この点で、イギリスの清教徒《ピューリタン》運動は典型的です。

エリザベス女王（在位一五五八～一六〇三年）は、国教会の実践面での改革を唱えた清教徒運動を抑えることに懸命でした。十七世紀に入り、欽定訳聖書（キング・ジェームズ）で知られるジェームズ一世（在位一六〇三～一六二五年）やチャールズ一世（在位一六二五～一六四九年）は、王権神授説を盾にして、王権による宗教の統制を強めました。さらに、カンタベリー大主教ロード（在位一六三三～一六四五年）は、監督政治を国教会に強制し、長老政治や会衆政治を国教会に導入しようとした清教徒を圧迫しました。

ウェストミンスター宮殿前のクロムウェル像
（写真・Jan Arkesteijn on Wikipedia）

清教徒運動は、イギリス全体を聖書により改革するという革命思想へと次第に発展していきました。そして新興の商工業者・市民階級の支持を背景に、クロムウェルを指導者として、政治的に議会を制圧し、軍事的にも王党派を破り、革命を断行します。ロードは教皇主義者として、国王チャールズは人民に対する反逆者として処刑されました。

クロムウェルに、この時代の「正統実践」の象徴を見ることができます。彼は、神の御前に敬虔な政治家であることに努め、彼の軍隊には信仰と実践訓練、神の正義遂行という召命感を要求し、国民に対しても安息日の遵守、飲酒・賭博の禁止など道徳の刷新を迫りました。

しかし、その高尚な理想にもかかわらず、清教徒革命は三十年戦争の現実に逆行するものでした。一つの神学、一つの実践をもって社会を変革しようとした最後の、しかも失敗の試みとなったのです。事実、革命の失敗後、王制は復古し、国教会は監督制で固められました。清教徒運動も国教会から離れ、バプテスト、長老派、会衆派、クエーカーなど、特異な神学と実践をもった教会がそこから独立してきました。

同じころ、ルター派教会でも実践面での改革に一石が投じられました。シュペーナーの『敬虔なる願望』（一六七五年）がそれです。彼は、大陸のカルヴァン主義やイギリスの清教徒運動などのリフォームド神学との接触を通して、実践的キリスト教に開眼しました。三十年戦争で疲れ切った、また正統神学の偏重で形式化したドイツの教会に実践的改革を迫ったのです。彼に端を発する敬虔主義は、次の十八世紀の教会の主要な運動となります。

「プロパガンダ」

『天路歴程』の巡礼者は「重荷を背負って」出発。この罪の重荷は、キリストの十字架と復活を記念する場所に来たとき、巡礼者の肩から落ちます。

十七世紀は、植民地政策により西ヨーロッパが世界中に拡張した時代でした。それに伴い、教会は海外宣教をその使命・「重荷」として明確に意識し、世界中に布教活動を展開しました。とりわけ、カトリック教会の躍進が目立ちました。

十六世紀のスペインとポルトガルの海外進出により、カトリック教会はブラジル、メキシコ、ペルー、北米、フィリピン、日本などで布教の成果を挙げていました。そして十七世紀に入り、世界布教は教会の一大方針となります。一六二二年、布教聖省（プ、ロ、パ、ガ、ン、ダ、）がグレゴリウス十五世により教皇庁に設けられ、教皇ウルバヌス八世は海外宣教師養成のため、ローマにウルバヌス学院を設立（一六二七年）しました。一六四九年の資料によれば、布教聖省は海外各地の四十六宣教団と三百名以上の宣教師を指揮しました。カトリック教会が近世に世界大の宗教に発展する基礎は、この時代に築かれたわけです。

プロテスタント教会の海外宣教の働きはカトリックに比べ大幅に遅れました。しかし十七世紀に海上の覇権を手にしたイギリスによる新大陸・北米への移民、布教活動、オランダの東南アジア進出などは特筆に値します。特に、メイ・フラワー号により清教徒がアメリカ移住（一六二〇年）したことは、それ以降の新大陸における新教の発展に重大な意義があります。

清教徒のニューイングランド植民地は、すでにイギリス王党派が開拓した南部ヴァージニア、オランダの北アメリカ東岸、フランスのカナダなどの植民地と対立して強力になりました。カルヴァンの思想を継承した清教徒らしく、聖書に基づいた社会、「教会と国家」の理想を新大陸で実現しようとしたのです。

「知は力なり」

確かにこの時代は、教会ではまだ聖書や神学が支配的で、一般の人々の間では迷信や魔女信仰が威力を発揮していました。天文学者ケプラーも魔力を信じていましたし、万有引力の法則を発見したニュートンも神学についてより多くの書を著しました。

しかし、驚くほどの速さで拡大する新知識。学問の進歩は、教会にとっていよいよ大チャレンジとなり始めました。学問が教会の「重荷」となったのです。フランシス・ベーコン（一五六一～一六二六年）とデカルト（一五九六～一六五〇年）がこの問題を浮き彫りにしました。ベーコンは『学問の進歩』（一六〇五年）や『新機関』（一六二〇年）で、観察と実験に基づく帰納的認識方法を提唱。神の啓示に基づく神学と区別されるこのような科学的認識から「知は力なり」という確信を導き出しました。

デカルトの『方法叙説』（一六三七年）は、確実な知識を得るための方法的懐疑論を打ち出しました。「我思う、ゆえに我あり。」ここで「疑う我」の存在だけは確実であるとし、そこから哲学を出発させ、近世哲学の祖となりました。「疑い」を罪としてきたキリスト教への大胆なチャレンジでした。

カトリック教会によるガリレオの異端裁判は、神学と新知識との不幸な衝突でした。前世紀にポーランドの天文学者コペルニクスが発表した地動説を支持したと訴えられたガリレオは、一六三三年に第二回目の異端裁判を受け、異端と判決されます。忠実なカトリック信者としての葛藤の末、彼は自説を撤回し、終身禁固に服して生涯を閉じました。

他方、裁判から三百五十年後の二十世紀に至り、カトリック教会はガリレオ裁判の誤りを正式に認め、彼の復権をはたしました。ガリレオの伝記作者は、教会法廷を退廷する折、彼が「それでも地球は動く」とつぶやいたとします。その事実性は問題としても、彼のつぶやきは「教会と近世」という巨大な対立時代の到来を暗示したといえましょう。

右はレンブランドの「エマオの晩餐」の画。彼は「光の画家」と呼ばれ、暗い背景にほのかな光があてられた中心人物を描く手法を用いました。その光に神の恩恵を見ることができます。

十七世紀の教会と、その教会が歩む近世の道程を象徴するような作品です。

クリスマス

新大陸に上陸する清教徒

新時代の知識の進歩が、教会に及ぼした影響は大きかった。

プロテスタント天文学者スカリゲルはイエス生誕を紀元前四年と最初に主張した。また、このころカトリックの間で使われ始めたグレゴリウス暦は、十日の誤差を生じた従来の暦を一気に改訂したため、クリスマスの祝日にも変化を生じさせた。

しかし、それも清教徒が導入した霊的変化には匹敵し得ない。

清教徒は、クリスマスを日曜日と同様に断食と祈りで守ることを主張した。そしてダンスやゲームなどのクリスマスの習慣を異教の起源によるとして退けた。一六四四年にはこの精神をイギリス議会を通して法制化すらした。

紀元十八世紀――苦難の日に呼ぶ教会

十八世紀を代表する文学作品にデフォーの『ロビンソン・クルーソー』（一七一九年）とスウィフトの『ガリバー旅行記』（一七二六年）があります。いずれも、驚くほどの速さでその視野を広げていく世界に、冒険心と不屈の精神をもって乗り出す近世人が主人公です。

難破と漂流のすえ、孤島にひとりたどり着いたクルーソーは、ようやく聖書を読む気になります。そして目に入った聖句が、詩篇五〇篇一五節の言葉でした。

「苦難の日に
わたしを呼び求めよ。
わたしはあなたを助け出し
あなたはわたしをあがめる。」

前章では十七世紀の教会を、「近世」という未知の道程に歩み出した「巡礼者」と見ました。その教会は早速、「理性の時代」と呼ばれる十八世紀の泥沼に足を取られ、「苦難の日」を迎えます。

先にホッブズが得体の知れない海の怪獣「リヴァイアサン」とたとえた近代国家は、十八世紀にはフランス革命（一七八九年）によってその頭をもたげ、教会をショックで震え上がらせました。ヒューム、ヴォルテール、ルソー、フィヒテ、カントの合理主義精神を生んだこの時代は、伝統的なキリスト教信仰を大きく変形します。文化も、名目上はキリスト教的でしたが、その実質は次第に世俗的・異教的なものになっていきました。

さて、詩篇の言葉に励まされたクルーソーは、「心も共にし両手を高く挙げ、歓喜に悦惚となって声高く叫んだ、『……われに悔い改めを与えたまえ』と」。それと同様に、十八世紀の教会を「苦難の日に神を呼び求める教会」ととらえてみましょう。

国家理性

教会を「苦難の日」に追いやった最大の力は、国家権力でした。

先に、デカルトに「神の御前」というキリスト教的視点を抜きにした近代的自我の成立を見ました。国家に関しても、「国家理性」

ダニエル・デフォー

という理論で武装した新しい国家が誕生しつつありました。ちょうど、人間における理性の働きと同様に、国家にもその形成や行動を説明し得る独自の「理性」が存在するというのです。この理論によれば、国家の制度や法律などはすべて、超自然的な神の啓示や神学から独立したもので、最終的には人間の理性に由来する契約によりつくられたものでした。すでに、オランダのグロティウス、イギリスのホッブズやロックにより基礎づけられた考えで、この時代最大の提唱者は、「社会契約論」で知られるルソー（一七一二～一七七八年）でした。

国家と教会との関係にも基本的な変化が生じました。教会を主体とした「教会と国家」という観点は、中世的で古いものとして通用しなくなりました。むしろ、国家が中心となって、教会との関係、さらに宗教のあり方を国家に都合のよいように決める方針が打ち出されました。教会はもはや社会の中心には位置しないのです！

この点を、この時代に生きた三人の絶対君主の例から見てみましょう。いずれも、キリスト教を政治目標達成のための一手段と位置づけているところが共通しています。

「朕《ちん》は国家なり」で知られるフランス王ルイ十四世（在位一六四三～一七一五年）。彼は、政治上の統一の必要から宗教の統一を図りました。一方で、少数派のプロテスタント、ユグノーを迫害。彼らの拠りどころであったナントの勅令（一五九八年）をなし崩しにし、ついに廃止して（一六八五年）プロテスタント絶滅政策をとりました。多数の殉教者に加え、一説では、三万人以上のプロテスタントがカトリックに改宗し、二十五万が国外流出したと言われます。他方、多数派のカトリック教会に関しても、外国勢力であるローマ教皇のフランスにおける影響力を最小限にとどめ、反主流派のヤンセン主義を迫害して退けました。

次は、帝政ロシアの近代化を図った皇帝ピョートル一世（在位一六八二～一七二五年）。国家権力を「第三のローマ」と自称し、東方教会の伝統を誇るロシア正教の影響から独立させる政策を打ち出しました。ちなみに、宗教色の強い「聖なるモスクワ」から、「ピョートル」がペテロのロシア語形であることから、「聖ペテロの街」を意味するサンクトペテルブルクに遷都。一七二一年には、教会独自の教会会議制度を廃止し、それに代わる会議を帝国の一機関として新発足させました。また、地方の司祭職を予備警察化し、懺悔《ざんげ》制度を利用して政治的不安分子の摘発を行いました。

そして、プロイセン王フリードリヒ二世（在位一七四〇～一七八六年）。ルター派教会の独立自治権を否定し、教会を官僚制の一部に編入しました。その反面、「すべての宗教は等しく善。もし信仰者が善良な国民であれば」として、功利主義の観点から「宗教寛容令」（一七四〇年）を発しましたが、ユダヤ教徒は対象から除外されました。もちろん、宗教は国民の統治に不可欠なため、反キリスト教的活動や無神論は処罰したのでした。

フランス革命

このような国家の宗教政策の総仕上げとしてフランス革命（一七八九〜一七九九年）がありました。革命は封建制度・絶対王制を打破して議会民主主義を樹立し、近代的中央集権国家を生み出しました。革命当初の国民議会は有名な「人権宣言」を採択し、人間の自由・平等・国民主権・思想の自由などの高い理想を掲げます。また、この宣言によりプロテスタント教会に礼拝の自由も与えられました。この段階では、革命はプロテスタントや一部カトリックからも歓迎されましたが、革命の進展につれ、次第に国家主義《ナショナリズム》が露骨となり、特に反カトリック教会運動としての性格が強くなっていったのでした。

フランス全土の五分の一と言われた教会財産の没収や国有化、修道院の廃止、「僧侶世俗基本法」により教職者を国家管理に移行。さらに、革命の混乱期には、教会を「理性の神殿」とすべく、パリのノートルダムをはじめ多くの教会に、聖母マリア像の代わりに自由の女神像が安置さ

「バスティーユ襲撃」
フランス革命時の様子を描いた絵画

れ、「国家理性」の神格化、「最高存在」への礼拝も導入されました。

そして、カトリック教会との全面対決となります。それというのも、革命により生まれた新しい「国家《ナション》」が、中世キリスト教社会においてカトリック教会が占めた、聖俗両権にまたがる地位を主張したからです。この国家にとって、「祖国《ラ・パトリエ》」は神格、ラ・マルセイエーズは賛美歌、人権宣言や憲法は教理問答書や聖書のようなものとなりました。従来教会が管理した人間の出生（幼児洗礼）・結婚・死も、世俗国家の管理するところとなり、公民的洗礼としての出生届、公民的結婚としての婚姻届、公民的葬儀としての死亡届となりました。そして、近代国家の成立に不可欠な軍隊や教育でも、革命は、市民を武装させる国民軍や徴兵制、また国民教育の先鞭をつけたのです。

「基本法」への誓約を拒否した聖職者のうち千名以上が処刑され、約四万人が国外亡命したとも言われます。完全には程遠いものでしたが、カトリック教会の復権は、次世紀のナポレオン一世の失脚（一八一五年）によってようやくもたらされました。

理性の時代

アメリカ独立の年、一七七六年にトマス・ペインは象徴的作品『理性の時代』を書きました。ついに、近代人が宗教から独立して社会形成し得る時代が到来したのです。理性の力により人間以外の外界、神をすら知り得ること、その外界が人間のためにあると確信した時代。理性の光により無知を追放し、人間の幸福をもたらし得ると楽観視したことから、「啓蒙主義の時代」とも呼ばれます。

キリスト教に対しても自由で、また厳しい態度をこの時代はとりました。本来、単純な神信仰であるべきキリスト教は、三位一体・罪・救い・十字架・復活・地獄・悪魔など余計な教理を強調しすぎた。すべての宗教に共通する要素、「ある神」が存在し、その神が世界を造ったことだけで十分。これが理性の時代の宗教でした。

キリスト教の歴史が始まって以来、初めてその主要教理が逐一疑われるという時代が来ました。摂理・啓示・恩恵の神は今や不要となりました。宗教は理性を超えるものであったとしても、理性に反するものではあり得ないのです。このように、信仰をもっぱら理性の許す範囲に限る立場を「理神論」とも呼びます。

ロックの『キリスト教の合理性』(一六九五年)、トーランドの『秘義なきキリスト教』(一六九六年)などの先駆的著作に加え、この時代ではヒュームの「奇跡論」(一七七七年初版の『私の生涯』に所収)が、キリスト教の本質が奇跡とは無関係であることを主張しました。さらに、ペインの『理性の時代』(一六九六年)に至っては、もし悪魔が「イエスを非常に高い山に連れて行き、この世のすべての王国とその栄華を見せ」た(マタイ四・八)のなら、コロンブス以前にアメリカ大陸を発見していたはず、という議論まで登場しました。

キリスト教の教理に対するチャレンジに関するかぎり、それは、まさに教会の「苦難の日」でした。

生きた実践的な宗教

キリスト教会は「苦難の日」にどのような対応を迫られたのでしょうか。

ローマ・カトリック教会の対応は強い反発と非妥協でした。禁書目録や教皇の回勅を世に発しては、「中世的」な伝統を弁護。とりわけ、フランス革命のショック以降は、従来の「反プロテスタント」に加えて「反近代性」のスローガンをヒステリックなまでに打ち出しました。

プロテスタント側でもルター派やリフォームドの正統主義は、理性に立ってもキリスト教は弁証されるべきとしたため、啓蒙主義と正面衝突をしました。しかし、ますます心を閉ざし、耳を貸さなくなった近代人を相手にしての弁証でした。

最も有効的な「神への呼び求め」は、一般に敬虔主義や福音主義と呼ばれた運動から発せられました。

すでに触れたシュペーナーに端を発するいわゆるドイツ敬虔主義は、教会改革運動でした。教理ばかりを強調し、「死せる正統主義」に陥った主流派教会内に、実践的な生命を生み出すこと。

ジョン・ウェスレー

シュペーナーが「神のことばの熱心な行使」を提唱したように、教会の生命の源泉である聖書が、神学的・弁証的であるよりは実践的・デボーショナルに用いられること、それがこの運動の目的でした。

シュペーナーの同僚フランケの小集会は、「聖書を愛する者の集い」でした。一六九四年にドイツに創設され、当初フランケに指導されたハレ大学はこの運動の中心地で、その神学部は、この時代に六千人の牧師や宣教師を生み出したヨーロッパ一の神学校でもありました。また、この流れの中からモラビア兄弟団の創始者であるツィンツェンドルフが登場します。

大陸の敬虔主義全盛期に、英米での福音主義や信仰覚醒《リバイバル》運動が起こりました。イギリス国教会の教職ジョン・ウェスレーの回心は一時代を画しました。彼の『信仰日誌』には「一七三八年五月二十四日（午後）九時十五分前ごろ」とありますが、そのとき彼は回心と新生を経験します。彼は余生を、「できるかぎり生きた実践的な宗教を広め、できるかぎり多くの人々の魂の中に神のいのちを生み出し、それを保ち、増し加える」ためにささげることを決心し、後のメソジスト教会運動がそこから展開されました。

同様の運動は、新世界マサチューセッツ州ノーサンプトンの組合教会の牧師エドワーズに端を発するリバイバル運動です。伝統的なカルヴァン主義の神学と人間の意志や感情を重視する新しい実践的な宗教として新大陸に浸透しました。

以上、これらの運動は頭デッカチの正統主義に対しては、ツィンツェンドルフのように「心の宗教」を強調。疑い深い啓蒙主義に対しては、理論ではなしにキリスト者の実践や教会の生命のあり方を最強の弁証とする実践宗教を強調しました。

イギリスと新大陸を股にかけた大説教家ホイットフィールドはあるとき、電気の理論を究明するフランクリンに、「電気の神秘ばかりに熱中せず、新しく生まれることの神秘にも留意するよう」勧めたということです。

「北のはてなる氷の山」

十八世紀は、近代的なプロテスタント海外宣教運動が基礎づけられた時代です。敬虔主義のハレ大学やツィンツェンドルフのモラビア兄弟団が、この運動のきっかけとなりました。従来、カトリック教会が指導権を握っていた、植民地政策の一環としての宣教活動に対して、教会指導型の宣教活動と宣教団体の誕生が目立ちます。

すでに、十七世紀のプロテスタント植民勢力オランダによりセイロン、ジャワ、台湾、そしてイギリスにより北米は宣教されました。しかし、敬虔主義・福音主義運動は教会指導型の宣教を導入しました。

モラビア兄弟団の、北のグリーンランドから南のアメリカ・西インド諸島までの宣教は印象的でした。讃美歌二一四番の「北のはてなる氷の山」は、「グリーンランドの氷の山から」が原詩です。

新たに拡大した世界に、「神が人の中にもたらした変化」と、海外宣教という神への叫び声が大きくこだましていきました。

ヨハン・ゼバスティアン・バッハ

教会音楽

プロテスタント教会音楽の黄金時代が十八世紀。神への賛美にも教会伝統のバラエティーがうかがえる。

一六八五年ドイツに生まれ、ルター派正統主義の教育を受けたのがバッハ。宗教改革の精神の後継者らしく、作品末尾にしばしば「ただ、神の栄光のために」を銘記した。同年、同じドイツで生まれ、イギリスで活躍したのがヘンデル。敬虔主義の霊性に培われた者らしく、晩年「メサイア」をはじめ聖書にちなむオラトリオを多く世に残した。

賛美歌作者では、イギリスの合理主義精神に養われたクーパーと、ジョン・ウェスレーの弟チャールズがいる。ウェスレーの福音主義精神は賛美歌に顕著。

「わがたましいを　愛するイエスよ！」（讃美歌二七三番）

紀元十九世紀――進歩を追求する教会

世界文学の最高傑作の一つ、また十九世紀を代表するゲーテの作品『ファウスト』（一八三一年完成）の終結部分、悪魔メフィストフェレスに魂を売ったファウストの埋葬の場面です。悪魔の掌中からファウストの霊を奪い返すため、バラの花を天よりまき、愛の焔《ほのお》で悪魔をメロメロにさせ、油断させる天使の合唱。

「愛の焔よ浄《きよ》き方に向け。……
かくして悪より、悦ばしく逃れ、
相共に救われん。」

こうして、悪魔の力を借りてまで、全宇宙の根源を探ろうとしたファウストの霊は天上に運び去られます。この光景に、楽観的でロマンに満ち、未来に開かれたこの時代の精神を垣間見ることができましょう。

「苦難の日に呼ぶ」と表現した十八世紀の教会は、古い社会体制が崩れ、近代的な新体制が誕生するという激動期を歩んだことを見ました。もちろん、「旧体制の遺物」と見なされ、苦難の中での歩みでした。しかし、一部ですでに「死亡診断書」が書かれたとまで言われたキリスト教会は、十九世紀に入り、勢いを取り戻します。「進歩・発展」という時代精神を反映しながら、近代精神の担い手としての意識をもつ教会として……。

世紀も幕を閉じる一九〇〇年、時代を代表するキリスト教学者ハルナックは、ベルリン大学での講演を『キリスト教の本質』と題して出版。イエスの提唱した神の国の福音をキリスト教の本質ととらえ、神の国の実現を世界の、そして教会の使命としました。その書の中で、「われわれは、人類の歴史の経過に目を留め、その前進的発展を追求し……」と教会の使命に触れ、結んでいます。

では、十九世紀の教会を「進歩を追求する教会」ととらえてみましょう。

革命の申し子

まず、教会はフランス革命の遺産、すなわち新しく姿を現した近代国家と取り組まねばなりませんでした。官僚制・軍隊・教育・言語などを駆使して、

ゲーテ

「サン＝ベルナール峠を越えるボナパルト」
（ジャック＝ルイ・ダヴィッド作）

自己の利益のみを追求する国家権力との取り組みです。とりわけ、「宗教は、国家主義《ナショナリズム》という家の窓のカーテンのようなもの」とする近代国家の宗教政策は、教会にとって死活問題でした。近代国家にとって、宗教はあるに越したことはないが、なくてもよいアクセサリーなのです。

ナポレオン・ボナパルト（一七六九〜一八二一年）が支配したフランスが、そのよい例です。一七九九年のクーデターで軍事独裁者となったナポレオンは、革命のもたらした混乱を収拾するためカトリック教会とよりを戻しました。一八〇一年、革命に終始反対したローマ教皇庁と妥協して「宗教協約《コンコルダート》」を結んだのです。一方で、カトリック教会の特権と聖職者の俸給は保障しましたが、他方では主教の任命権と聖職者の第一身分としての特権は教会から取り上げてしまいました。カトリックの聖職者といえども、国家の前には普通の市民と見なされたわけです。そのうえ、翌一八〇二年には国内に向け、「カトリック教会宗教法令」を発布し、国家が意のままに宗教を統制し得ることを主張しました。プロテスタント教会にも同様の法令が出されたのですが、その結果、宗教上の集会は届出が、また教会会議の決定は事前に国家からの許可が必要となったのでした。

「革命の申し子」と自称したナポレオンはまた、世界征服の野望との関係で、フランス革命の理念をヨーロッパ全土に広める役割を果たしました。オランダ、ベルギー、スイス、ドイツ、イタリアなど彼の軍隊が支配した国々では、近代国家の理念が古い支配体制に取って代わりました。象徴的な出来事は、一八〇六年の神聖ローマ帝国の最終的崩壊。中世キリスト教社会の遺産として、すでに実際的権威は多く失われていましたが、一千年近い歴史をここに閉じることになりました。

ナポレオンの宗教政策も基本的には、征服された国々に踏襲されました。そのため、この時代の教会の最大の関心事は国家との関係でした。たとえば、独立・自治の気風の強い改革派教会が主流のオランダ。ナポレオン時代もその後も、教会独自の議決機関である大会に代わり、国家の指名で構成される教会法廷が最高機関となり、宗教省による官僚支配が導入されました。

さらに、ドイツのプロイセン王国。フリードリヒ・ヴィルヘルム三世は、ルター派と改革派教会の合同計画（一八一七年）を国家政策として強力に推進。そしてベルリンに、プロテスタント最高会議を合同教会の最高機関として設置しました。この会議は、国王より任命された十八名によって構成され、国王と教会、官僚と教会との間の調停役を務めました。当時、著名な神学者であったシュライエルマッハーが、国王の意のままになる「宮廷教会」と非難したものです。

このように、フランス革命の申し子としての国家主義の強力な前進に巻き込まれ、押し流される教会に、時代の教会の姿の一面があったわけです。

ロマン主義と自由主義

この時代を国家主義の前進という尺度だけで測ることはできません。もっとトータルな意味で「進歩・発展」が見られるからです。新知識の拡大、科学的方法論の確立と学問の自由、産業革命によって導入された生活様式の改善、個人主義、自由商業や資本主義の発展による社会の再編成、ヨーロッパ文化の世界への拡散、楽観主義……。

このような時代を反映して、キリスト教にも、ロマンや自由を追求する前進の気運が見られました。十八世紀の「理性の時代」はキリスト教、特に啓示としての聖書の真理性に対し批判的でした。しかしこの新しい気運は、聖書の真理性そのものよりは、聖書に対する人間の反応にキリスト教信仰の基礎を置きました。当然、主観的で、人間の理性にあてはまるキリスト教が強調されたわけです。

ロマン主義はある意味で、「理性の時代」が到達した堅苦しい世界観への反動です。冒頭で引用したゲーテも文学における指導者でしたが、神学ではシュライエルマッハーが代表者でした。シュライエルマッハーは主著『キリスト教信仰』（一八二二年）で、宗教を「絶対依存の感情」と定義。キリスト教がすぐれている点は、その啓示の真理性や教理体系の一貫性にあるのではなく、その宗教性にあるとしました。理性の攻撃の手の届かない主観的感情に信仰を基礎づけたのです。

さらに、「進歩・発展」の理念をプロテスタント神学に直接取り入れたものに、自由主義《リベラリズム》がありました。この理念を最もよく表現するものは「歴史」であると主張したため、「歴史主義神学」とも呼ばれ、歴史や歴史認識に対するナイーブな信頼が特徴です。

たとえば、テュービンゲン大学のバウルは、ヘーゲルの歴史哲学理論を適用して、キリスト教の発生をユダヤ人キリスト教（ペテロ）と異邦人キリスト教（パウロ）との対立から、原カトリック教会への歴史的、弁証法的発展として理論づけました。ゲッティンゲン大学のリッチュルは主著『義認と和解』（一八七四年）で、信仰共同体である教会の宗教意識とその歴史的発展にキリスト教の基礎があるとしました。そして、先に引用したハルナック。彼にとって、キリスト教の「本質」とはキリスト教の歴史的「現実性《リアリティー》」にほかなりません。このような立場では、キリストの復活が起きたか否かは問題ではなく、復活が起きたと信じた教会が歴史的に存在したことが大切なのです。

もちろん、ロマン主義や自由主義への反対もありました。プロテスタント側では、正統主義や福音主義が聖書の真実性や歴史性を主張して、保守的神学を弁証しました。ベルリン大学聖書学教授ヘングステンベルクは、ルター派正統主義の立場から福音主義の神学雑誌を創刊し、シュライエルマッハーや自由主義を攻撃。リフォームド正統主義の立場からは、アメリカ長老教会系のプリンストン神学校のアレキサンダー、ホッジ、ウォーフィールドらによって展開されたプリンストン神学がありました。また福音主義の立場からは、福音的諸教派の国際的連合体として一八四六年ロンドンで結成された福音主義同盟があります。聖書的キリスト教弁護のため、聖書の霊感と権威・三位一体・人間の堕罪性・信仰義認など九項目の教理原則を承認しました。

最も強力な反対はカトリック教会から起きました。国家主義・ロマン主義・自由主義をはじめ、進歩的と見られた多くの運動が「反カトリック」と否定されたのです。その反動的傾向は、「聖母無原罪懐胎の教義」（一八五四年）の制定、そして「教皇無謬性の教義」（一八六九年）が第一バチカン公会議で、多くの学者の反対を押し切って公式採択されたことからも知られます。

最暗黒のイギリス

十九世紀は、バラ色の理想社会を生み出したのではありません。「進歩・発展」の陰に近代社会特有の問題が起きたのです。特に、イギリスに始まった産業革命は都市労働人口を増加させ、大都市に貧民窟をつくり出しました。これら都市労働者の多くは、地方での教会生活から断ち切られ、都市の教会からも受け入れられず、信仰から離れる者も続出しました。

これら諸問題に対するキリスト教会の対応も多様なものがありました。まず、敬虔主義やウェスレーに見られるような福音主義からの真摯《しんし》な取り組みがありました。個人の回心や信仰を強調する立場なのですが、そこから必然的に、実践的適用として社会奉仕に発展するもの、と主張しました。回心から社会奉仕への短絡的とも見える転換が、この立場の取り組みにユニークなエネルギーを与えました。貧者や弱者の救済、少年労働禁止、牢獄改革、奴隷制廃止、教育改革などの運動の初期活動家の多くがこの敬虔主義や福音主義の流れから出ました。もちろん、これらの社会奉仕そのものが最終目標ではなく、それはあくまでも全人間を生ける神へと回心させるという目的のための手段でした。そのため、「内国伝道」という考えの一環として社会奉仕が位置づけられたのです。そして日曜学校協会、聖書協会、トラクト協会、YMCA、YWCA、救世軍などの内国伝道団体が誕生しました。

救世軍の創設者でメソジストの牧師ブースの名著『最暗黒のイギリスとその出路』（一八九〇年）は象徴的です。当時、暗黒大陸と呼ばれたアフリカにではなく、最先進国のイギリスにこそ社会の暗黒があり、キリスト教はそれと取り組むべし、と訴えたのです。

しかし、このような社会奉仕をナイーブで偽善的と非難し、社会問題そのものの解決を目ざしたキリスト教社会主義も現れました。プロイセン王国での宮廷説教家シュテッカーや「庶民のイエス」を唱えたナウマン。オランダの改革派神学者であり首相も務めたカイパー。またイギリスのチャーチ・ソシアル・ユニオン。アメリカの社会福音。これらが労働運動から政党運動までの広い社会運動を展開しました。

そして、これらキリスト教運動にとっての最大の挑戦は、「宗教はアヘンなり」と叫んだマルクス主義でした。キリスト教の世界観・神学を最も極端に世俗化させた異端とも言えます。歴史を支配する神に代えて唯物論的弁証法を、エデンの園の代わりに原始共産社会、神の救いの歴史の代わりに階級闘争、メシアの代わりにプロレタリアート、新天新地の代わりに階級のない共産社会を、という具合です。この思想は、脱キリスト教化した民衆の間に急速に浸透していきました。

「われらの世代に世界の福音化を」

これは、後に学生キリスト教運動として知られ、この時代に国際的広がりをもった流れ、「学生ボランティア宣教運動」のスローガンです。

教会史を福音宣教の歴史と位置づけた学者ラトウレットは、十九世紀を「偉大な世紀」と呼びました。いまだかつてないほどの地理的な広がりに、宣教がなされたというのです。特に、プロテスタントの海外宣教活動が最盛期を迎えた時代でした。

このような現象の背後に、十八世紀の敬虔主義や福音主義の伝統を受け継いだ福音的信仰のリバイバルがありました。「進歩を追求する時代」のただなかで、古い伝統的信仰に生き、それを伝えるという運動です。特にイギリスやアメリカで盛り上がりを見せたこの運動には、アメリカの会衆派大衆伝道者ドワイト・ムーディ、イギリスのバプテスト派説教家スポルジョンなどの華やかな活躍が見られました。そしてそこから海外宣教運動が湧き出たのです。

「近世海外宣教の父」と称されたウィリアム・ケアリ（一七六一～一八三四年）が、イギリスの貧しい教会から支援されてインドに宣教したのもこの時代。彼は、改宗活動・聖書のベンガル語全訳・教育事業に活躍しました。彼のモットー、「神から偉大なことを期待せよ。神のために偉大なことを試み行え！」

ウィリアム・ケアリを描いたスケッチ

ケアリに続く数千の宣教師が、「われらの世代に……」と世界中に散って行きました。その中には、ロンドン伝道協会から派遣されたスコットランドのアフリカ伝道師モファット、その勧めによりアフリカ伝道と探険に献身したリヴィングストン、中国への最初のプロテスタント宣教師モリソンもいました。鎖国体制のようやく解けた日本へのプロテスタント宣教は一八五九年と大幅に遅れましたが、主としてアメリカやイギリスからキリスト教が伝えられ、教会形成が始まりました。

「進歩を追求する教会」の最も福音的な側面が海外宣教に見られます。

教会の座席

物を言うことのない座席も、時代の教会の霊的健康を測るバロメーターと言える。

産業革命たけなわのロンドン。百万の人口を抱えるこの大商工業都市で、全教会合わせての座席数はたったの一万五千！　しかも、日曜日にそれらが満席となることはなかった。教会が時代の変化に対応できず、人々の教会離れを助長した一例。

福音的リバイバルは座席数の急増を促した。一八六一年建設のメトロポリタン・タバナクルはその好例。毎聖日、六千の座席を埋める聴衆がスポルジョン（写真）の説教に耳を傾けた。語られたメッセージは、変わりばえのしない十字架と新生の福音であった。

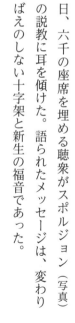

紀元二十世紀――平和・正義・真理と教会

「戦争は平和である
自由は屈従である
無知は力である」

ショッキングなスローガンですが、ジョージ・オーウェルの『一九八四年』が描く全体主義国家のものです。第二次世界大戦後の一九四九年の作品は、二十世紀末の社会を悲観的に、平和・自由・真理の抑圧された恐怖政治と予言しました。人間の思考と行動のすべてが統制され、「戦争」や「憎しみ」が「平和」や「愛」と言われる末期的世界がそこにあります。

この二十世紀にキリスト教会はついに突入しました。二千年近くも存続した、世界でもまれな組織体として、教会は生き残ったのです。「からし種」のようなささやかな出発でしたが、ローマ帝国の迫害、ゲルマン諸部族の侵入、イスラム教の台頭と侵略、中世西方社会形成の責任、宗教改革、近代思想の挑戦、近代国家の抑圧など、その歩みは戦いの連続でした。もちろん、神の摂理に導かれ、信仰の大盾、救いのかぶと、御霊の剣である神のことばなどの「神の武具」をもっての戦いでした。

しかし二十世紀は、これまでとは比較にならないほど厳しい情況を教会に押しつけてきました。二つの世界大戦、独・伊・日のファシズムの台頭、六百万ユダヤ人の虐殺、そして広島と長崎の原爆投下。さらに、ベトナム、アフガニスタン……。平和・正義・真理に対するキリスト教会の姿勢が厳しく問われている時代です。「腰には真理の帯を締め、胸には正義の胸当てを着け、足には平和の福音の備えをはき……」（エペソ六・一四、一五）とあるように、神の武具で装うべき教会そのものの存在意義が問われている、まさに瀬戸際と言えましょう。

二十世紀の神話

先に、十九世紀の教会を「進歩を追求する」と見ましたが、「発展」とか「進歩」という楽観主義の夢が世界に満ちていた時代でした。この夢から一夜にして冷たい現実に世界を覚ましたのが、第一次世界大戦（一九一四〜一九一八年）でした。そして、引き続く社会不安、経済恐慌、革命とファシズムの嵐、第二次大戦（一九三九〜一九四五年）……。恐るべき破壊力をもつ近代兵器が実戦に投入され、死者推定は第一次大戦が八百五十万、第二次大戦が二千二百万以上！ ピカソの「ゲルニカ」（一九三七年、次ページ写真）はその一端を描くにすぎませんが、人類の悲惨さは極限に達しました。
二十世紀は国家主義《ナショナリズム》の全盛時代です。「戦争は平和である」というメンタリティーを生み出す温床もそこにあります。また、国家主義の最も醜い姿、すなわち宗教的な装いをもって権力を絶対化する国家の神格化が、暴露された時代でした。ナチス・ドイツや日本の天皇制絶対主義が好例でしたが、五十歩百歩で程度の差こそあれ、神格化の傾向は近代国家一般に見られます。そして、何よりも悲劇的なことは、「平和の福音」を身にしたキリスト教会が、例外はあったにせよ、国家主義やその神格化に対して、全般的に無力であったという事実です。

十九世紀に最大のプロテスタント勢力を誇ったドイツは、また第一次大戦の最大の犠牲者でした。そして敗戦後の混乱の中から、テロリズムとデマゴギーを欲しいままにして台頭したのが、ヒトラーを党首とするナチ政党でした。ヒトラーは、国家主義的な「ドイツ・キリスト者」を巧みに操って、プロテスタント教会を帝国教会に改組しました。

ピカソの「ゲルニカ」の実物大の壁画レプリカ（スペイン、バスク）
スペインのバスク地方にある村ゲルニカの無差別攻撃を描いた。

ローゼンベルクの『二十世紀の神話』（一九三〇年）が、ヒトラーの独裁政権の宗教性を明らかにしています。それは、ドイツ精神と同化され、またユダヤ的色彩を一切取り除いたキリスト教の衣で、原始ゲルマン民族の神話を包んだ国家宗教です。ドイツの「血と土」の神話は、なんと教会の聖餐におけるキリストの「血と肉」に相応するものでした。このようなキリスト教の名において、ユダヤ人大虐殺が公然と行われたのです。

ドイツ教会の大勢は、神格化国家のサタン的性格を見抜けませんでした。むしろ、小さな、しかし果敢な運動がそれに抵抗しました。ニーメラーやバルトに指導された告白教会運動は、「バルメン宣言」（一九三四年）をもって神格化に対決しました。「……キリストは、われわれが聞くべき、また生と死において信頼し服従すべき神の唯一のみことばである」と。

ディートリヒ・ボンヘッファー
（1906～1945年）

ボンヘッファーは告白教会運動が生んだ若い殉教者の一人です。ナチ政権を鋭く批判し、『キリストに従う』（一九三七年）や『交わりの生活』（一九三九年）を著し、危機情況における信仰者や教会のあり方を訴えました。そして地下抵抗に参加して捕らえられ、処刑されました。これは牢獄からの彼の手紙の一節。

「キリスト者であるということは……この世の生活において、神の苦難にあずかることである。」

カトリック教会は、教皇ピウス十一世（在位一九二二～一九三九年）のもとに独裁政権と妥協の道を選びました。大胆な外交政策を展開し、ムッソリーニ、ヒトラー、ポルトガルのサラザール、スペインのフランコと次々と政教協約を締結。互いに異なる理由からですが、議会主義・民主主義・思想の自由などを抑圧する反動的性格を明らかにしました。後に、教会は大きな代価をこの妥協のゆえに払うこととなります。

受難の世紀を迎えたのはロシア正教会。帝政ロシア国家組織に組み込まれた教会は、一九一七年の十月革命を機に、社会主義体制下に置かれました。初期の共産党独裁政権は露骨な反キリスト教政策をとり、教会財産の没収と教職者の追放・処刑が続きました。憲法でいう宗教の自由も、国家機関を動員しての反宗教プロパガンダの自由との抱き合わせでした。レーニンによれば、「善い宗教は皆無。ましな宗教といえども、低俗な宗教よりもっと危険」でした。

ソビエトのような社会主義国では、教会はイデオロギーや国家主義との関連での生存を余儀なくされました。毛沢東の中国における三自愛国運動の教会も一例です。反面ソビエトには、バプテスト派をはじめ数百万の自由教会・地下教会のメンバーがいたことも忘れられません。

カーネギーとマルクス

正義、とりわけ社会正義の問題も二十世紀の教会を大きく揺り動かしました。「正義の胸当て」を着ける教会の真価・責任ある対応が問われたわけです。

一般に、教会の対応は、いずれも十九世紀に端を発する二つの極端な立場の間に位置づけられました。一つはカーネギーの福音、もう一つはマルクスの革命理論です。

大財閥を築いたアメリカのカーネギーは、一八八九年に「富者の福音」を提唱し個人主義の倫理を立てました。「神は自らを助くる者を助く」の原則に従い、富者を神が祝福した者ととらえたのです。物質主義万能の二十世紀、教会にとって「富者の福音」は誘惑になりました。

近年、ヨーロッパで活発化した「革命の神学」は、マルクス主義との対話を通じて、革命を神の正義実現の手段としました。

これら両極端の間で、キリスト教会の対応は多様です。

- 従来どおり、福祉、教育、医療などの活動を教会の慈善事業とするもの。
- アフリカへの医療宣教師シュヴァイツァーの「生命の尊厳」の主張や、マザー・テレサのインドでの奉仕に見られるキリスト教博愛主義・平和主義。
- 自由主義神学の背景からアメリカで発展した「社会的福音」。ラウシェンブッシュの『社会的福音の神学』（一九一七年）は、社会全般の改革によってすべての人の救いの達成を主張。日本を代表する伝道者賀川豊彦の多様な活動にもこの主張がうかがえます。

●社会的福音のもつ楽観主義を否定するR・ニーバーに見る社会現実主義。人間や社会にあるラディカルな悪を認め、社会正義を、個人倫理を越えた政治や社会改革の問題としました。

●アメリカの黒人解放運動のキング博士や、ブラジルのカトリック教会のカマラ大主教に見る非暴力主義の改革運動。

●中南米のカトリック教国に見られる「解放の神学」。貧困などすべての抑圧からの解放を救いと理解する立場。

これらの対応に加え、社会正義問題と総括的に取り組んだ運動として、プロテスタントの世界教会協議会（WCC）とカトリックの第二バチカン公会議があります。二十世紀の教会史上、金字塔的運動と言えます。

一九四八年発足の世界教会協議会は、当初、教会・宣教中心主義でしたが、次第に「神の宣教」としての世界、世界のための教会を強調するに至りました。「今日における救い」も「解放」と理解します。

第二バチカン公会議（一九六二～一九六五年）は、現代社会と取り組むカトリック教会の姿勢を「現代世界憲章」に明らかにしました。その冒頭で、全人類との連帯性に触れています。「現代人の喜びと希望、悲しみと苦しみは……キリストの弟子たちの喜びと希望、悲しみと苦しみでもある」と。

また、注目に値するのは、従来宣教を強調し、社会参与を軽視してきた福音派の新しい動向です。一九七四年のローザンヌ世界伝道会議は、宣教と政治・社会的行動を区別しながらも、両者をキリスト者の務めであると告白しました。

近代末期からポストモダンへ

世紀の中期から末期にかけて、キリスト教世界は一つの時代の終わりと新時代の到来の予感を感じ始めます。十九世紀以来、キリスト教が意識し、対立し、また同調して「キリスト教は近代的宗教」と標榜《ひょうぼう》してきた近代主義に陰《かげ》りが見え、世界がそれを超えるものを求め始めたと言えましょう。近代主義が求めたものが「ユートピア」(理想郷)であるならば、二十世紀の世界はそれが幻想にすぎないことを体験しただけでなく、オーウェルの『一九八四年』のように、「ユートピア」の対極である「ディストピア」(暗黒郷)の到来を恐れました。

「近代を超える時代」の内実は必ずしも定まっていないのですが、仮称としては一般に「ポストモダン」あるいは「ポストモダン主義」と呼ばれます。キリスト教会に関するかぎり、このポストモダン時代との取り組みが緊急な世紀末的課題となったことは明らかです。このポストモダン時代とも密接に関連して、二十世紀の教会の命運を左右するほどの世界史的動きがいくつかあったといわれます。

とりわけ、主要な四つの動きを挙げれば、世界の宗教人口およびキリスト教人口の特筆すべき増加およびその結果としての「キリスト教世界」の様変わり、ポストモダン現象とされる宗教の復権を反映するカトリック教会の世界的前進、時代の挑戦と向き合うプロテスタント諸教会における多様な試みと活力、ソビエト社会主義共和国連邦の崩壊（一九八八〜一九九一年）とそのオーソドックス正教会への影響があります。

近代世界における衰退が予測されていたキリスト教は二十世紀を生き延びただけではなく、むしろ躍進しました。キリスト教史を宣教史と捉えるラドウレットは、世紀の半ばで二十世紀のキリスト教を「嵐の中の前進」と評しました。

世紀を閉じた時点での最近の統計では、この世紀のキリスト教人口は当初の六億弱から三倍の十七億へと増加しています。しかも、この急増は地域的には「第三世界」とか「グローバル・サウス」などと呼ばれるアジア、アフリカ、ラテンアメリカで顕著に見られます。また、急増現象は教派を超えて全般的に認められ、とりわけ、キリスト教のより原初的あり方を反映するとされるペンテコステ、カリスマ系の教会や運動で顕著とされます。その結果、従来大西洋を挟むヨーロッパと北米中心に理解されてきた「キリスト教世界」にも変化が生じ、一極型から世界各地に複数のセンターがある多極型に移りつつあるともいわれます。カトリック教会の世界的前進は特筆すべき世紀末現象です。アジア、アフリカ、ラテンアメリカでの教会の躍進を反映して、第二バチカン公会議は五大陸すべてからの代表による初めての普遍的公会議であったとされます。

公会議後の教会においては、教会をさらに現代社会の必要に対応させるべきとする革新派と伝統的な教えと生活の維持を重視する守旧派との対立、教職者の性暴力や女性の妊娠をめぐる問題、などと引き続き取り組むことになります。

世紀末のカトリック教会における象徴的存在は、ポーランド出身の教皇ヨハネ・パウロ二世（在位一九七八～二〇〇五年）で、平和運動や人種問題などでの前向きな取り組みで知られます。とりわけ、対話と和解を求めてのプロテスタント・ルター派教会やアングリカン

第2バチカン公会議の様子

教会、東方・ギリシア正教会との公式会談は教会史的快挙であり、一九九五年の回勅「キリスト者の一致」では、キリスト教世界のリーダーとしての教皇の姿勢を垣間見ることになりました。

この時代のプロテスタント諸教会のイメージにはカトリック教会ほどの明快さは見られず、むしろ多様な試みがある中に前進も後退もある不確実性が印象として残ります。

たとえば、二十世紀のプロテスタント教会を特徴づけてきた大きな要因に神学の営みがありました。二十世紀中期の危機的時代に、それまで近代性をモットーとして教会をリードしてきた自由主義神学は後退し、代わってバルトやブルンナーの新正統主義神学が台頭し、世界教会協議会の結成・発展にも貢献しました。

しかし、世紀末に向けてブルトマンの実存論神学、後ブルトマン学派、希望の神学、解放の神学など多様な試みがあり、福音理解に混迷が見られたといわれます。その反面、諸教会の宣教活動の成果を反映するアジア、アフリカ、ラテンアメリカにおける躍進はこの時代の新動向を印象づけます。この躍進をゴンザレスの『キリスト教史』（上・下、増補版）は爆発的な「活力」と表現し、世紀末を扱う最終章を「周縁とされてきた世界の活力」と題しました。これまで周辺と見なされてきた第三世界、グローバル・サウスにプロテスタント教会の将来を見たといえましょう。

ソ連邦崩壊は、共和国連合の内部分裂という政治的要因からもたらされましたが、その宗教、とりわけ正教会への影響は絶大でした。無神論を国是とする共産主義体制下で「窒息状況」に置かれた正教会の解放・復興が崩壊後に広く見られました。世紀初めのロシア革命時に取り壊された聖ハリスト大聖堂の再建に象徴されるように、旧ソ連邦各地で信教の自由および宗教上の言論の自由がより広く認められ、全体主義体制下でキリスト教が生き延びたことを世界に証しすることになりました。

とはいえ、キリスト教の復興はソ連邦以前の正教会体制の回復にはほど遠く、ましてやカトリックやプロテスタント教会の伝統からすると「復権」とは言えません。むしろ、「正教の離散」と一般にいわれるように、崩壊後にロシア、ウクライナ、エストニアなど十五ほどの共和国に独立した国々において正教会がそれぞれ個別の歩みを余儀なくされ、将来に不確実な要素を残しているのが現実といえましょう。

マラナタ

「イエス・キリストの生命に生きること、これが教会の歴史」と見なして、本書はこれまでその二千年の歴史を垣間見てきました。また、「我らは一つの、聖なる、公同の、使徒的な教会を信ず」との告白から、その教会を一つのリアリティーと想定して、世紀別に見る教会のイメージを追ってきました。最終章の二十世紀に至り、キリスト教会が世界大のリアリティーとして二千年の歴史を生き残ったことを見ました。

しかし、一方で、この世紀が提示した平和・正義・真理の問題が教会の手に負えない広大かつ深刻なものであり、問題の解決者を自負する国家にとってもしばしば困難であることも明らかになりました。多方、公同教会として一つのリアリティーを目指す教会自体が、世界の趨勢《すうせい》を反映して、この世紀ほど複雑多岐で混迷するイメージを露呈した時代もこれまでなかったことです。

ヨハネの黙示録は、教会が最終的に一つとなりうるのはキリストの再臨による、と教えます。その時まで、諸教会に集う神の民は教会の主キリストへの不断の祈り、「主よ、来てください《マラナタ》」（Iコリント一六・二二）を重ねることになります。

決断の時

二十世紀は危機の時代。それゆえにまた、「時」を問題とした。時計で計測できる時間ではなく、意味の込められた生命的な決断の「時」を！　実存主義者ハイデッカーは「存在と時間」を。新正統主義神学者バルトは「今日の神学的実存」を。新約学者クルマンは「キリストと時」を。そして、第二バチカン公会議は現代世界における教会を扱う公文書を「現代世界憲章」と名付けた。

しかし、いつでも、どこでも神は人間と直面しておられると聖書は言う。

「確かに、今は恵みの時、今は救いの日です」（Ⅱコリント六・二）。

二十世紀の折り返し点、一九五〇年にビリー・グラハム（写真）は、「決断の時」のラジオ番組をもって大衆伝道に躍り出た。時を得た決断と言えよう。

丸山忠孝（まるやま・ただたか）

1939年、東京に生まれる。

東京学芸大学、ウェストミンスター神学校（B. D.）、エール大学神学部（S. T. M.）、プリンストン神学校（Th. D.）卒業。

ジュネーヴ大学神学部・宗教改革研究所で学ぶ。

教会史・教理史専攻。

東京基督神学校校長、東京キリスト教短期大学学長、東京基督教大学初代学長（1990－1998年）を歴任。

現在、米国シアトル在住。

キリスト教会2000年
世紀別に見る教会のイメージ

1985年 3 月25日　初版発行
ニュークラッシック・シリーズ
2023年12月25日　発行

著　者　丸山忠孝

印　刷　日本ハイコム株式会社

発　行　いのちのことば社
〒164-0001 東京都中野区中野2-1-5
TEL03-5341-6923／FAX03-5341-6925
e-mail:support@wlpm.or.jp
http://www.wlpm.or.jp

ISBN 978-4-264-04458-1